HISTOIRE GÉNÉALOGIQUE

DE LA

MAISON DE RABUTIN

HISTOIRE GÉNÉALOGIQUE

DE LA

MAISON

DE RABUTIN

PRÉCÉDÉE

d'une lettre à Madame de Sévigné

PAR LE COMTE DE BUSSY

DIJON

J.-E. RABUTOT, IMPRIMEUR-ÉDITEUR

MDCCCLXVI

AU LECTEUR

Le nom de Bussy-Rabutin n'a pas besoin de réclame. Tout le monde connaît le mordant écrivain de *l'Histoire amoureuse des Gaules*, le cousin déloyal de Mme de Sévigné, l'insolent ravisseur de Mme de Miramion, l'amant peu discret de la tendre La Baume et de la volage Montglas, le courtisan disgracié de Louis XIV. On sait ce que fut sa vie, on n'ignore pas ce que vaut encore aujourd'hui son style. Tout vieilli qu'il est, cet esprit merveilleux devant lequel s'inclinait Saint-Évremond, n'est pas démonétisé. Inscrire son nom en tête de ces pages inédites, ce n'est pas seulement éveiller la curiosité, c'est de plus s'engager à la satisfaire.

Que l'on ne s'attende pas toutefois à y trouver une œuvre de pure médisance. Le *glorieux* Bussy n'entendait raillerie ni sur lui ni sur sa famille. Passe encore pour la vertu de son *incomparable* cousine : le mestre de camp général de la cavalerie légère avait sur ce chapitre délicat les principes les plus tolérants et la conscience la plus large ; mais Dieu vous garde de médire du grand Mayeul, un ancêtre qui remonte à l'an mil, ou de jeter un regard moqueur sur l'authentique généalogie de ses petits-enfants ! Vaniteux comme un espagnol, Bussy est plus fier de ses quartiers que de son épée ; il croit à sa race peut-être plus qu'à l'Évangile.

C'est pourquoi il a voulu en écrire lui-même l'histoire, comme si les Rabutin ne pouvaient être dignement loués que par un Rabutin. Il l'a écrite non seulement pour lui, pour son fils aîné, le marquis de Bussy, vantard et batailleur à l'égal de son père, et qui devait mourir dans l'exil comme lui ; non seulement pour son second fils, le spirituel évêque de Luçon, l'ami de Voltaire et de Gresset, le plus aimable des causeurs de son siècle, qui l'avait surnommé *le dieu de la bonne compagnie ;* non seulement pour sa fille, la marquise de Coligny, que sa fierté native ne défendit pas contre un illégitime et tardif amour ; mais encore pour tous les cousins, petits et grands, qui écartelaient leur écusson des *cinq points d'or équipolés à quatre de gueules* (1),

(1) Armes des Rabutin.

pour tous ses parents, ses alliés et les alliés de ses alliés. On ne saurait prendre plus de précautions pour fixer l'oublieuse histoire. Ceci explique pourquoi les copies du manuscrit que nous publions pour la première fois sont encore si nombreuses. L'auteur, confiné dans l'exil, rongé par l'ennui sur les terrasses de son beau château de Bussy, au milieu des souvenirs de sa galante jeunesse, a eu le temps de limer son travail : désespérant de l'avenir, il a du moins voulu se glorifier dans le passé, et il a donné tous ses loisirs à cette étude rétrospective ; ses laquais, son secrétaire, sa fille elle-même, Mme de Coligny, ont pâli sur le vélin pour en multiplier les exemplaires ; il les a corrigés de sa propre main ; il a tenu jusqu'au dernier jour ce livre domestique au courant des naissances, des mariages et des décès, et lorsqu'enfin, sûr que la gloire des Rabutin pourrait désormais, grâce à lui, braver les outrages des siècles, il lance ce pompeux mémorial aux quatre coins de sa famille, il a une dernière habileté et une coquetterie suprême : il le dépose aux pieds de sa belle et trop indulgente ennemie, celle dont l'esprit et les grâces feront vivre à jamais le nom de Rabutin, la petite-fille de sainte Chantal, j'ai nommé Mme de Sévigné.

Le temps n'a pas également respecté tous les exemplaires de cette généalogie dont le comte de

...ssy s'était montré si prodigue, mais il a conservé le plus important de tous, le manuscrit original, celui qui porte sa griffe, sinon sa signature. Il est déposé à la Bibliothèque de l'Arsenal à Paris, et forme un volume in-4° sous ce titre : *Histoire généalogique de la maison de Rabutin, dressée par Messire Roger de Rabutin, comte de Bussy, lieutenant général des armées du roi et maistre de camp général de la cavalerie de France, et adressée à Dame Marie de Rabutin, marquise de Sévigné.*

En tête de ce manuscrit se trouvent les lignes suivantes qui en attestent l'authenticité :

« Ce manuscrit de la maison de Rabutin est entièrement écrit de la main du comte de Bussy-Rabutin ainsi que je m'en suis assuré en le comparant avec les autres manuscrits de Bussy qui m'ont été communiqués par M. le marquis de la Guiche, pair de France, pour le travail de la nouvelle édition des lettres de Mme de Sévigné que je viens de publier. Je certifie ce fait suivant le désir que M. l'abbé Grozier, bibliothécaire de Monsieur, m'en a exprimé. »

« Ce 8 août 1818. »

MONMERQUÉ,
Conseiller en la Cour royale de Paris,
éditeur de Mme de Sévigné.

Les armes placées sur la couverture sont celles de Mme de Coligny, fille de Bussy, et des Rabutin.

Si l'on doutait de la parole de M. Monmerqué, on pourrait comparer l'écriture de ce volume avec celle d'un autre manuscrit de Messire Roger, le *Discours à mes enfants sur le bon usage des adversités et sur les divers événements de ma vie*, qui appartient à M. Feuillet de Conches. Mais la compétence du savant éditeur des *lettres* de Mme de Sévigné ne sera contestée par personne.

Dans sa *Description du duché de Bourgogne* (1), l'abbé Courtépée indique une autre copie manuscrite, in-4º, qui était, à la fin du XVIIIe siècle, déposée dans la bibliothèque du château de Sévignon. Qu'est-elle devenue depuis ? On l'ignore.

La bibliothèque publique de Dijon en possède une troisième, également en un vol. in-4º, inscrite au catalogue sous le nº 480. Cette copie du temps ne sort pas de la plume de Bussy : elle se termine seulement par trois lignes de sa main, qui en sont comme la date et la signature.

L'édition que l'on publie aujourd'hui a été faite sur une copie plus récente (2), mais que l'on a soigneusement colligée sur les plus anciennes. L'ortho-

---

(1) Courtépée, 2ᵉ édition, t. III, p. 81.
(2) Appartenant à M. J. Carnandet, qui a bien voulu nous la communiquer.

graphe du texte primitif, cette physionomie de la langue, a été respectée avec scrupule jusque dans ses incorrections dont se préoccupait fort peu le noble académicien. On s'est montré très sobre de notes : Bussy se passe facilement d'interprète, et l'érudition est un hors-d'œuvre toutes les fois qu'elle peut être suppléée par l'exactitude.

HENRI BEAUNE.

A MADAME

LA MARQUISE DE SÉVIGNÉ

Mayeul de Rabutin, le premier de cette maison (au moins de notre connoissance), accompagné d'une assés nombreuse noblesse, va trouver la postérité. Je me suis mis dans la trouppe pour faire ce voyage avec luy, et j'ay creu, Madame, que vous pouviés avoir des raisons de vouloir être de la partie.

Quoiqu'il soit un vieux seigneur, je suis assuré que sa compagnie ne vous deplaira pas, et que vous estimeriés encor plus celle de son père si vous aviés l'honneur de le connetre.

Toutes apparences, Madame, sont que Mayeul de Rabutin étoit déjà de bonne Maison, puisque les chartres qui parlent de luy le nomment parmy les grands seigneurs du Maconnois, mais il est certain qu'il étoit homme d'honneur puis qu'il nous paroist comme garant de la foy d'un Souverain.

J'aurois bien souhaitté de trouver de plus grandes particularités de sa vie que je n'ay fait, de vous pouvoir r'apporter quelques unes de ses campagnes, de vous faire voir de ses lettres d'amour, et de vous apprendre s'il n'eut point affaire à quelque infidelle aussi bien que ses descendans; je n'en voudrois pas jurer, car ce n'est pas d'aujourduy que le changement plaist à votre sexe et même le changement de bien en mal plutost que de ne pas changer. Mais enfin ne pouvant avoir de mémoirs de tous ces détails, il nous faut contenter de savoir qu'il y a plus de cinq cent ans que Mayeul de Rabutin étoit un homme de qualité.

Si les chefs des familes prennent encor dans l'autre monde quelque interest à leur postérité, je ne doute pas que Mayeul n'eut du chagrin du peu d'établissement de la sienne. Il vit le mérite des Amés, des Claudes, des Christophles, des Léonors, des Celses et de quelques autres particuliers, mais comme il voit beaucoup d'exemples ailleurs de pareilles injustices, je croy qu'il prend patiances, et d'autant plus qu'il voit en vous,

Madame, tant de vertu et tant d'agréement de cors et d'esprit qu'il semble que Dieu ait voulu le récompencer de tous les malheurs de sa maison par une personne aussy extraordinaire que vous.

J'aurois moins de peine à persuader cette vérité que notre noblesse, Madame, car celle cy dépend de contracts (qu'on peut falsifier) et votre mérite est étably par le témoignage de toute la France.

Au reste, Madame, je ne voy gueres de genealogie qui ne commence par une chimère ; cela vient de ce que les gens ne trouvant que des sources ou honteuses ou trop proches à leur gré, en inventent d'illustres ou d'éloignées. Pour moy qui, Dieu mercy, n'ay pas eu de sujet de mentir par l'une ou par l'autre de ces raisons, j'ay dit les choses comme je les ay sceues et le soin que j'y ay pris ne peut pas laisser un doute que je n'en aye sceu la vérité ; si elle ne m'etoit pas assés honorable, je n'en aurois point parlé plutost que de me parer d'une fausse gloire.

Il faut donc que l'on tienne pour certain que j'ay les pièces justificatives de tout ce que j'avance.

Ainsy, Madame, il me semble que nous devons etre contents de notre naissance, quelques ambitieux que nous puissions etre. Quant aux biens et aux grandes dignités, il nous faut plus de modération. Ces avantages de la fortune ne sont pas proportionnés au reste. Mais les regrets ne font rien. Nous pouvions naitre simples gentilshommes avec moins de bien que nous n'en avons. Consolons nous donc, Madame, de ce que nous sommes au moins de bonne maison. Je le savois confusément quand j'etois maitre de camp general de la cavalrie legère. Mais ma disgrâce m'a donné le loisir de m'instruire à fonds des particularités de ma naissance et c'est aussy dans l'aversité qu'on apprend à se connoistre.

HISTOIRE GÉNÉALOGIQUE

DE LA

MAISON DE RABUTIN

Dans le comté de Charolois, il se treuve un grand bois appellé la forest Rabutin au milieu de laquelle il y a une espèce de marais dans lequel on voit les restes d'un vieux chateau ruiné qu'on nomme encor le chateau de Rabutin (1).

Les premiers seigneurs qu'on trouve de ce nom là tiroient leur origine au dela des tems ausquels les surnoms distinguéz par les terres commencèrent à s'établir dans la Bourgogne.

Les armes de cette maison sont cinq poincts d'or équipollés à quatre de gueules, avec des chérubins pour simier et pour supports.

Le premier qui soit connu soubs le nom de Rabutin est Mayeul, seigneur de Rabutin, qui se rendit garant avec Hugues de Berzy, Henry Gros, Josserand, son frère, Payen de Classy et autres, comme les principaux vassaux

---

(1) Voir les *notes et éclaircissements* à la fin du volume.

de Guillaume, comte de Mascon, seigneur du Masconnois, de l'execution d'un traitté que ce comte fit avec Pierre le venerable, abbé de Cluny, en aost 1147, ainsy qu'on voit dans la bulle d'Eugène troisième qui se trouve dans la biblioteque de Cluny.

FRAGMENT DE CETTE BULLE.

« Proceres terræ comitis Matisconensis Hugo videlicet de Berziaco, Henricus Grossus, Josserandus, frater ejus, Guillelmus de Neblens, Paganus de Classiaco, Bernardus Paganus, Mayolus Rabutinus et Stephanus de Bazenerio juraverunt quod si prædicta pactio non teneretur aut aliquo modo infringeretur commoniti a fratribus Matisconem venirent et ibidem obsides manerent donec re pacificata cum licentia abbatis Cluniacenis redirent. Anno Incarnationis Christi 1147. »

Mayeul fut encor présent avec Guillaume de Chatillon, Humbert de Brancion, Bernard de Chatenay et plusieurs autres chevalliers à un accord fait l'an 1149, entre Ponce, évesque de Mascon, et Regnaud second du nom, seigneur de Beaugé et de Bresse, comme il se voit par une chartre du Trésor de l'Eglise de Mascon, dont voici la fin :

FRAGMENT DE CETTE CHARTRE.

« Acta sunt hæc anno ab Incarnatione Christi 1149, regnante Ludovico filio Ludovici regis Francorum, in presentia Domini Pontii, tunc Matisconensis episcopi, D. Hugonis cantoris, D. Stephani tunc dapiferi, et Gau-

fridi Gastinelli, D. Guichardi de Leviniaco, D. Guarini
de Ugiaco, D. Guillelmi de Castellione, D. Hugonis
Ruis, D. Humberti de Brancione, D. Bernardini de
Chastenay, D. Bernardi de Mongibert, D. Guidonis Silvestris, Ulici de Felins, Majoli Rabutini, Hugonis de
Vela, Bernardi Pagani, Gaufridi de Maisiaco, Guichardi
Vigerii, Stephani de Bazeneriis, Bernardi Bermundi,
Hugonis de Ponte, Guidonis dapiferi et aliorum plurium qui ibidem interfuerunt. »

Hardouin de Rabutin, fils de Mayeul, fut témoin avec
Ponce de Rochebaron, Ponce d'Aubigny, Hardouin de
La Salle, Hugues de Vinzelles et autres, lorsque Guy,
comte de Forest, vendit l'Abbaïe de Savigny à Humbert,
sire de Beaujeu, son oncle, comme il se voit par un extrait du cartulaire de l'église collegiale de Beaujeu.

EXTRAIT DU CARTULAIRE DE L'ÉGLISE COLLEGIALE
DE BEAUJEU.

« Ut ea quæ sunt nota sint in antea, Ego Humbertus
de Bellojoco volo ut presentes et futuri sciant quod
Guigo, comes Forensis, nepos meus, Ludovico Dei gratia
Francorum regi, quando rediit de Podio Sanctæ Mariæ,
cum secum duxit captos vicecomitem de Poliniac et filium
suum Horatium, donum quod illi dederat, scilicet abbatiam Saviniaci quæ antecessoribus et mea semper fuerat,
per virgam quandam eam abbatiam reddidit prædictam quæ mea fuerat et esse debet integram, per eandem virgam reddidit, scilicet in Monte Brisonis in eccle-

sia Stæ Mariæ Magdalenæ extra villam ubi rex missam audivit, his testibus de familia regis Guido de Garlanda et Guido Pincerna et Guido de Capreosa, consanguineus meus. Hoc fuit factum in presentia abbatis Saviniaci qui ibi fuit major prior et cellerarius et Bertrannus de Tartaro de familia comitis Foresii, Guichardus de Sconio, Pontius de Rochebaron et Pontius de Albiniaco de familia mea Harduinus de la Salle, Odelardus consanguineus suus, Hugo de Vincellis, Majolus et Guillelmus frater ejus de Vincellis, Harduinus Rabutini et Thomas de Grandirivo.

Dalmace de Rabutin, fils de Hardouin, fut un des chevaliers qui jurèrent la confirmation des priviléges que Guichard, sire de Beaujeu, fils de Humbert, connetable de France, donna au mois de novembre 1260, à ses habitants de Villefranche comme il se voit par cette chartre :

« Hæc autem omnia quæ superius dicta sunt juravimus nos Guichardus dominus Bellojoci filius quondam prædicti Humberti connestabili regis Franciæ, tactis evangeliis sacrosanctis cum vigenti militibus inviolabiliter in perpetuum observare. Sunt autem nomina corum qui nobiscum juraverunt: Hugo Palatinus Sancti Bernardi, Guillelmus de Hillins, Hugo Palatinus, Hugo de Marzeus, Stephanus de Piseis, Guillelmus de Marzeus, Guichardus de La Douza, Josserandus de Franchelans, Bartolomæus de Layus, Guigo de Monteauro, Stephanus de Salvados, Tomas de Sto Latrivino, Hugo de Telis, Hugo de Tanay, Petrus de Roens, Pontus Geminos, Dalmatius Rabutini, Gerinus de Vallibus, Guillelmus de Vernejo et Stephanus de Fougeres. Et ut magis firma (quæ præmissa sunt) habeantur, nos Guichardus dominus Bellojoci præsentem cartulam sigilli nostri munimine duximus roborandam, anno 1260, mense novembris. »

Ce Dalmace, premier du nom, épousa N.... de Loysia sœur de Jobert de Loysia, chanoine de Chalons, de laquelle il eut quatre enfans masles, Gillet, Hugues, Dalmace et Henry de Rabutin.

Hugues de Rabutin, second fils de Dalmace premier, vendit du bien à l'abbé de Cluny en 1287, comme il se voit par cette chartre :

« Nos Guillelmus de Riparia, miles, Baillivus Matisconensis, notum facimus universis præsentes inspecturis quod Hugo Rabutin dictus Quinars, domicellus constitutus, etc. »

Je ne trouve point que Hugues de Rabutin, fils de Dalmace, aye été marié, mais assurément il n'a point eu de postérité.

Dalmace de Rabutin, second du nom, chevalier, troisième fils de Dalmace premier, épouza. . . . . de laquelle il eut trois enfants, un garçon et deux filles.

Lesnée fut Alis de Rabutin, qui épousa Girard de Epinoux, chevalier, en 1272.

La cadette fut Catherine de Rabutin, qui épousa messire Guillaume de Bussouil, chevalier.

Jean de Rabutin fut le fils unique de Dalmace, second du nom. Il épousa Catherine de Sauvement, dame de Baleure, et il en eut Antoine de Rabutin.

Antoine de Rabutin, fils de Jean, épousa en premières noces Jeannette Dublé, fille du sieur de Courmatin et d'une fille de Montagu. Cet Antoine n'eut point d'enfants de Jeannette Dublé, non plus que de Marguerite de Lugny, sa seconde femme.

Henry de Rabutin, quatrieme fils de Dalmace premier, me paroist destiné à l'église par un extrait du cartulaire de Saint-Vincent de Chalons, par lequel il prie Ponce, évesque dudit Chalons, de mettre son sceau à des lettres qu'il avoit données. Cet acte est du mois d'avril 1271.

« Universis præsentes litteras inspecturis, Ego Henricus dictus Rabutin, clericus, nepos quondam domini Joberti de Loysiaco, canonici Cabillonensis, notum facio, etc. »

Gillet de Rabutin, fils aîné de Dalmace premier, se trouve nommé le neufviesme de cent quarante deux gentilhommes qui rendent leurs hommages à Amé de Savoie, suivant Guichenon dans les preuves de son histoire de Bresse, folio 14, chapitre intitulé :

Hommages des gentilhommes de Bresse rendus à Amé de Savoie, seigneur de Beaugé et de Bresse, après son mariage au mois de septembre 1272.

« Gilletus Rabutini domicellus facta fidelitate et hommagio ligio, salva fidelitate de Burgundia, recognoscit se tenere in feodum a domino Baugiaej, Poypiam suam, cum forteressa et fossatis, sitam apud Chavanes, in parrochia de Cuceil. »

Dans le même chapitre, voici un autre hommage rendu par Gilles de Rabutin pour Agnèz de Saint-Ciro, sa fame, fille d'Antoine de Saint-Cire :

« Die lunæ post octavas Pentecostes apud Baugiæum, anno 1280. Dominus Gilletus Rabutini miles facta fidelitate et hommagio confitetur tenere a domino Baugiaej, nemine dominæ Agnetis uxoris suæ filiæ quondam domini Antonii de Sancto-Cirico, domum suam de Chassagny in parrochia de Confrancon et servitium, seu redditus quæ percepit apud Baugiæum et rognonos porcorum occisorum apud Baugiæum ad vendendum. »

Gillet de Rabutin eut d'Agnès de Saint-Ciro deux enfants, Jean et Marguerite.

Marguerite de Rabutin épousa Perceval Dusaix, chevalier, seigneur de Revona, de Montagna et de Jornens, environ l'an 1300, suivant Guichenon, folio 359.

Elle eut de Perceval Dusaix trois fils et une fille.

Guillaume, l'aisné des garçons, épousa Marguerite de Maillebois le 20 avril 1325, du consentement de Dalmace de Rabutin, son grand oncle, de Pierre de La Baume et de plusieurs autres.

Jean de Rabutin, fils de Gillet, épousa une fame dont on ne trouve point de nom que celuy de Jeannette.

Jean de Rabutin eut de Jeannette quatre garçons. Il est parlé d'eux dans une transaction en latin faite le lundy avant la feste Saint-George 1326, entre Guillaume, Jean, Aymon et Hugues de Rabutin frères, sur le partage qu'ils avoient à faire des biens de feu Jean de Rabutin, damoiseau, leur père, et de Jeannette leur mère, à cause du mariage futur dudit Guillaume de Rabutin avec Jeanne Pitet, fille de Eudes Pitet, chevalier, seigneur d'Etaules, et vefve de messire Guillaume de Marigny, chevalier, en présence de nobles hommes Jean de Digoine, chevalier; Pierre de Salornay, chanoine de Saint-Vincent de Mascon; Rolet de Lespinasse, docteur ez droits; Bernard de Salornais, Robert Damas, Jean de Roussillon, Guichard de Chateau-Morand, Jean, fils d'Hugues Mareschal, et Josserand de la Guiche, damoiseaux.

Jean de Rabutin, second fils de Jean, mourut sans avoir été marié.

Aimon de Rabutin fut chambrier de l'abbaïe de

Moustier-Saint-Jean, comme il se voit par un acte en latin fait en 1373, et rapporté par le père Royer, jésuite, dans l'histoire qu'il a faite de cette abbaye.

Hugues de Rabutin, quatriesme fils de Jean, accompagna en 1340 Eudes, duc de Bourgongne, au siége de Saint-Omer, soubs le nom de seigneur d'Epiry.

Guillaume de Rabutin, fils aisné de Jean de Rabutin, premier du nom, et de Jeannette, eut de Jeanne Pitet, fille du seigneur d'Etaule, Jean et Jeanne de Rabutin.

Jeanne de Rabutin fut prieure de Saint-Martin de Chaumes, et l'on voit encor un terrier qu'elle en fit faire en 13...

Jeanne Pitet, sa mère, étant morte, Guillaume de Rabutin se remaria à Agnès de Sassangy, vefve de..... Il eut d'elle une fille unique appelée Jeanne de Rabutin.

Cette Jeanne de Rabutin épousa, en 1356, Guillaume de Traves, de la maison de Choiseul, fils de Pierre de Traves et d'Alix de Bourbon.

On trouve que cette Agnès de Sassangy étant vefve de son premier mary en 1314 quitta à Guy d'Epeysolles l'hommage qui luy étoit deu.

Jean de Rabutin, second du nom, fils de Guillaume de Rabutin et de Jeanne Pitet, fut seigneur d'Epiry, qualilié damoiseau et chevalier dans les titres qui parlent de luy. Il épousa Marie de Balore, fille et heritiere de Philippe de Balore et de Marguerite de Bessey, et par cette raison qu'elle étoit heritiere, elle obligea la postérité de son mary à ecarteler leurs armes avec les siennes qui sont d'asur à la croix dantelée d'or (2).

Jean de Rabutin eut de Marie de Balore un fils unique appellé Huguenin de Rabutin.

Huguenin de Rabutin, seigneur d'Epiry et de Balore, fut fils de Jean de Rabutin, comme il se voit par un contrat fait en 1395 et par un autre contrat en latin fait en 1397, par lequel Huguenin rachete des terres que Jean son père avoit vendues a l'abbaïe de Cluny.

Huguenin épousa le 19ᵉ novembre 1391 Philiberte, fille de Bertrand de Chasans, chevalier, seigneur de Missery, et de Catherine de Ecutigny.

Huguenin eut de Philiberte de Chasans un fils et trois filles.

Le fils fut Amé de Rabutin.

Les filles furent Louise, Sidone et Antoinette de Rabutin.

Louise épousa Hugues de Loges, seigneur de Dracy, en 1427.

Sidone épousa noble homme Désiré Du Pin, comme

il se voit par le partage des biens d'Amé de Rabutin et de Claude de Traves le 14e mars 1472.

Antoinette, troisiesme fille d'Huguenin de Rabutin, fut prieure de Saint-Julien sur Deune.

Amé de Rabutin, chevalier, seigneur d'Epiry, fut fils de Huguenin de Rabutin et de Philiberte de Chasans.

Il naquit en 1400.

Il épousa Claude de Traves, fille de Pierre de Traves, seigneur de la Porcheresse, et de Catherine de Ragny, par contract du 9e septembre 1421, en presence de Philibert de Monjeu, évesque de Paris, de Girard de Bourbon et de Huguenin de Monjeu, ecuiers.

Ce fut un gentilhomme plein d'esprit et de valleur, bien fait de sa personne et galant, qui aima les plaisirs et la guerre et qui mérita d'avoir pour maitre un plus seigneur que le duc de Bourgongne. Il est trop célèbre pour ne pas descrire le detail de sa vie (3).

En 1443, il fit une joute que décrit ainsi messire Olivier de la Marche au chapitre huitiesme du premier livre de ses mémoires :

De quelques festes et ebattemens en la maison du bon duc Philippes de Bourgongne en 1443.

« Et depuis fut remis le pas, et executé à l'arbre de Charlemagne, qui sied à la Charme de Marsenay, prèz de Dijon et se doivoient faire icelles armes en la presence et sous le jugement du duc de Bourgongne, ou de son commis. Par l'execution du pas on entendra les chapitres desquels.... parce qu'ils sont malaisés a recouvrer et que l'ecriture en est longue, je m'en passeray et deviseray de l'execution de ce noble pas par ou tout se pourra entendre et connoître et commenceray ainsi qu'il s'ensuit:

« Pierre de Bauffremont, chevalier, seigneur de Charny, de Moulinot et de Montfort, luy troisiesme de chevaliers et ecuiers, natifs et sujets de la duché et comté de Bourgogne, nobles hommes de quatre lignées et sans vilain reproches font à savoir à tous nobles hommes, etc. »

Dans le premier livre de La Marche au chapitre neuviesme intitulé :

Comment trois des gentils hommes de la maison du duc de Bourgongne tinrent le pas d'armes à tous venans près Dijon en une place nommée l'arbre de Charlemagne en 1443.

« D'autre part se présenta le tiers garde du pas par celuy jour et fut un chevalier moult honnorable, vaillant et renommé, nommé messire Amé Rabutin, seigneur d'Epiry, duquel sera cy après écrit par honorable recommendation à l'entresuitte de ces mémoires. Le chevalier étoit monté et armé comme il appartenoit et son détrier paré et couvert d'un drap de damas bleu à la parure de son compagnon qui devant luy avoit fait armes. Toutes choses faittes en devoir, les lances leurs furent baillées et ainsy que les armes sont journaillières et les bonnes avantures à la disposition de la fortune, ils coururent et acheveront leurs armes et les onze courses limitées sans faire atteintes l'un sur l'autre et requirent tous deux au duc leur juge de pouvoir courre plus longuement, mais le duc pour les causes dessus dittes ne le voulut souffrir et ainsy se départirent. »

Dans le premier chapitre, on voit que Amé de Rabutin fait preuve aussy bien que ses compagnons de noblesse de quatre lignées, qui est de Huguenin, son père, de Jean, son grand père, de Guillaume, son bisayeul, et de Jean de Rabutin, premier du nom, son trisayeul.

Il auroit encor pu prouver quatre lignées s'il en avoit eu besoin (Gillet, Dalmace, Hardouin et Mayeul).

Dans le second chapitre on voit qu'Olivier de la Marche le traitte de chevalier et seul de messire.

Qu'il falloit qu'il fust un des plus considérables de ces treize gentilshommes puisqu'il fit armes le troisieme.

Les éloges que luy donne La Marche de *moult honorable, vaillant et renommé* sont les plus glorieux du monde, et il paroist qu'Amé étoit un homme qui n'épargnoit rien pour paroitre parmy les gens de qualité.

Paradin de Cuyseaux decrit encore ces memes joutes au troisiesme livre de ses annales au chapitre intitulé :

D'un fait d'armes entrepris par douze gentilhommes de Bourgongne, desquels etc. En 1443.

« En l'honneur de notre Seigneur, et de la très glorieuse Vierge sa mère, de Madame Sainte Anne et de Monsieur Saint George, je Pierre de Bauffremont, seigneur de Charny, de Moulinot et de Monfort, chevalier, conseiller et chambellan de très haut, très puissant et très excellent prince mon très redouté et souverain seigneur Monseigneur le duc de Bourgogne, fais scavoir à tous princes, barons, chevalliers et écuiers sans reproche (c'est excepté ceux du royaume de France et des pays sujets et alliéz de mondit souverain seigneur), que pour augmenter et accroitre le très noble métier et exercice des armes, ma volonté est avec douze chevaliers, écuiers et gentilhommes de quatre cotés, desquels les noms cy après sensuivent, c'est à savoir : Thibaut, seigneur de Rougemont et Mussy, Guillaume de Vaudré, seigneur de Courlaon, Antoine de Vaudré, seigneur de l'Aigle, Guillaume de Vienne, seigneur de Monbis et Gilly, Jean, seigneur de Ru et de Tirecour, Guillaume de Chandivers, seigneur de Chevigny, Jean de Sicon, seigneur de Ranchinieres, messire Amé de Rabutin, seigneur d'Epiry, Guillaume de Bauffremont, seigneur de Sey et de Sombernon, Jean de Chaumergis, Jean, comte d'Arbert, seigneur de Valengin, et

Jaques de Chalant, seigneur de Malines, garder et deffendre un pas séant sur le grand chemin venant de Dijon à Auxonne au bout de la chaussée, partant de la ditte ville, et un gros arbre appelé : l'arbre des hermites, tout par la forme et manière qui cy après sensuit, etc. »

En 1449, Amé fit des joustes mémorables comme il se voit dans le premier livre de messire Olivier de la Marche au chapitre vint et uniesme intitulé :

Comment le bon duc Philippes fit delivrer etc., et comment le seigneur de Lalain tint le pas de la fontaine de Plours à Chalons-sur-Saosne en 1449.

« Le second fut un chevalier qui se faisoit nommer le chevalier méconnu et fut messire Amé Rabutin, seigneur d'Epiry, et la cause pourquoy il se fit ainsi nommer fut pource qu'il avoit en iceluy pas veu faire armes et combattre le chevalier entrepreneur, et selon les chapitres, ceux qui voioient combattre et faire armes en iceluy pas ne devoient ou pouvoient faire armes à l'encontre dudit entrepreneur. Si doutoit le chevalier que l'on luy refusast son desir, et ainsy désirant faire armes fit toucher doutant que le mois ne passast et se nomma par nom méconnu, affin que s'il étoit refusé en fist moins de nouvelles, et fit une gracieuse lettre adressant à messire Jaques de Lalain, entrepreneur, luy confessant qu'il l'avoit veu combattre aucunes fois en iceluy pas et qu'il l'avoit veu en si chevaleureuse contenance et avec tant d'adresse, de force et de vertu de chevalier que luy entrepreneur, garde et deffendeur d'iceluy noble pas, enluminoit et elevoit si haut la renommée dudit pas qu'il désiroit sur tous les biens qu'il pouvoit jamais aquerir, donner confort à la dame de Plours, etre du nombre des combattans tres heureux en cette entreprise, et soy eprouver à lencontre de luy que l'on tenoit et reputoit en toutes parts chevalier remply de vaillance, de vertu et de grace, luy requerant moult humblement qu'il luy donnast licence de pouvoir executer son emprise, et luy faisoit cette requeste avec plusieurs beaux et aornés mots dont le chevalier etoit bien fourny, car ledit seigneur d'Epiry fut tenu de son tems, l'un des plus sages, plaisans et courtois chevaliers qui fust en Bourgogne, ne que l'on sceust nulle part et fut l'un des treize qui gardoient le pas à l'arbre de Charlemagne avec le seigneur de Charny, comme il est ecrit en ce premier livre. Pour abreger, le bon chevalier de Lalain fut moult joyeux et luy accorda sa requeste et luy donna pouvoir de donner congé semblable a six autres nobles hommes s'il en etoit requis. Après que le chevalier méconnu eut fait toucher la blanche targe comme le premier, etc. »

Et plus bas dans le même chapitre :

« Ainsy se passa celuy vendredy et le lendemain environ dix heures du matin se présenta à l'entrepreneur et d'autre part se partit messire Amé Rabutin, seigneur d'Epiry, celuy chevalier qui se faisoit nommer le che-

valier méconnu et parce que la manière me semble
honnête et de bon exemple pour les écoutans, j'ay bien
voulu écrire bien au long son cas et son fait qui fut tel
que grande noblesse l'accompagna pour parens et amis,
et fut adextré de messire Antoine de Montagu, seigneur de Couches, et par le seigneur de la Queuille (dont
j'ay parlé cy-dessus) qui étoient deux grands seigneurs
en Bourgongne et bien renommés en toutes choses que
chevalier doit etre. Devant le chevalier étoient deux of-
ficiers d'armes vétus de ses livrées qui le menoient par
la bride et fut monté sur une haquenée harnachée d'un
harnais large à trois pendans de velours cramoisy, et
par dessus étoit le cheval couvert d'un delié volet, tel
que l'on voyoit le cheval et le harnois parmy, et trais-
noit la couverte jusques à terre, laquelle couverte étoit
portée et soutenue par les quatre bouts par quatre
jeunes écuiers de douze à treize ans d'age dont les
deux furent les enfants de Blesey, neveux du seigneur
de Couches dessus dit, et les autres furent fils du seigneur d'Epiry, et furent vétus iceux enfants de robes
longues de damas blanc et avoient chapperons à bour-
relet d'écarlate et cornette verde; et pareillement et
semblablement étoit habillé le chevalier qui séoit sur
la blanche haquenée comme dessus, et ainsy chevau-
cha jusqu'en la lice ayant la bannerole de devotion
en sa main, et se présenta moult assurement et s'en
retourna en son pavillon qui fut à manière d'une petite
tante de satin blanc parée et aornée comme vous orrés
cy-après. Le chevalier requit cinquante cous de hache
et furent les batons livrés à Michau de Certaines (qui

pour ce jour eut la charge de maréchal de la lice), et furent apportées les haches au seigneur d'Epiry pour choisir le premier (comme la coutume), et furent icelles haches ferrées, longues et pesantes à longues dagues acerées dessus et dessous, et furent les premières haches à dagues dessous que l'entrepreneur fit livrer à iceluy pas. Le chevalier sans grande difficulté ou épreuve prit la première qui luy cheut en main ; cris et cérémonies furent faittes, et les gardes et écoutes ordonnées saillit messire Jaques, entrepreneur, hors de son pavillon moult froidement et étoit accompagné de messire Pierre Vasques, dessus dit, ensemble de ceux qui déjà avoient fait armes et combattu en lices à l'encontre de luy. Et me faut retourner à ce que le seigneur d'Epiry fit requérir au juge que ses quatre conseillers pussent demeurer en lice qui furent les quatre jeunes écuiers dessus dits, ce qui luy fut octroié. Si fut le pavillon du chevalier ouvert qui étoit adossé par dedans d'un riche drap d'or noir qui s'étendoit sur une grande chaise et faisoit marchepied par tout le pavillon et jusques dehors plus de deux aunes. Le chevalier étoit assis sur la chaise armé de toutes armes, la cotte d'armes au dos et avoit une salade à visière en courte banière et tenoit sa bannerole en sa main et acheva une oraison qu'il avoit commencée. Il avoit les jambes croisées, et à la vérité, il ressembloit un Cæsar ou un preux après son triomphe ; et deça et de là de luy étaient les quatre enfants ses conseilleurs et non autres. Son oraison achevée, le chevalier se leva et fit un grand signe de la croix de sa bannerole et marcha hors de son pavillon et puis de rechef se signa et bailla sa bannerole aux deux jeunes écuiers qui l'addextroient du coté senestre et luy baillerent ceux du dextre coté sa hache et fut cette ceremonie trop plutost mieux faitte qu'elle n'est écritte. Et le bon chevalier de Lalain le regardoit devant son pavillon armé comme il avoit coutume, la hache au poing et attendoit qu'il le vist en état de marcher et sembloit bien avoir le personnage qu'il étoit chevalier fort assuré et de liberté en son affaire. Ainsy marchèrent les deux chevaliers l'un contre l'autre, et quand le seigneur d'Epiry eut marché environ six pas, il s'arreta et prit la visière de sa main dextre et l'arracha hors de sa salade et la jeta loin de luy en arrière et demoura le visage moult fort decouvert; et ce fit-il pour ce qu'il étoit homme de courte veue et la vouloit desempecher. Si s'assemblerent les chevaliers vigoureusement l'un à l'autre et chaudièrent fort leur bataille de chaquune part, et quéroient asprement les chevaliers après les visages du bout d'embas, et rabbatirent et soutinrent plusieurs coups à leurs haches et furent atteints et touchés l'un et l'autre, et finalement achevèrent chaleureusement les armes divisées et nommées de cinquante-cinq coups et furent pris par les écoutes et tous deux saisis de leurs batons et combattant et assaillant l'un l'autre; et certes les deux chevaliers étoient si recommandés et aymés que les amis, bienveillans et serviteurs de chacun d'eux désiroient la bataille achevée sans la foule ou deplaisir de l'un des deux, comme il avint, et ainsy furent amenés devant le juge et de la se portèrent frères et bons amis. »

Et plus bas dans le même chapitre :

« Et au regard des haches que fit présenter l'entrepreneur, elles furent fortes et pointues dessus et dessous, et depuis les armes précédentes de luy et du seigneur d'Epiry, il fist toujours présenter haches à dagues dessous. »

Par le soin que messire Olivier de la Marche prend de dire le sens de la lettre d'Amé de Rabutin, on peut juger de la réputation qu'il avoit d'homme d'esprit.

« *Que le chevalier etoit bien fourny de beaux et aornés mots et qu'il fut tenu de son tems l'un des plus sages, plaisans et courtois qui fust en Bourgongne, ne que l'on sceust nulle part.....* »

« *Que grande noblesse l'accompagna pour parens et amis.....* »

Entre lesquels il nomme messire Antoine de Montagu, seigneur de Couches.

Je crois que messire Olivier se trompe et que celuy-cy s'appeloit Claude de Montagu ; quoyqu'il en soit, c'étoit un prince de l'ancienne maison de Bourgongne, dont quelques années après Hugues de Rabutin, fils aîné d'Amé, épousa la fille.

La description que fait Olivier de la Marche de l'équipage d'Amé, marque que ce chevalier aymoit à faire de la dépence.

Quand il dit qu'Amé se présenta moult assurément,

il fit voir qu'il étoit hardy comme aussy lorsqu'il dit qu'il prit la première hache qui luy cheut en main.

« *Il avoit (dit-il), les jambes croisées; il ressembloit un Cæsar ou un preux à son triomphe.* »

Rien ne marque plus la grandeur de la mine d'Amé que cet endroit.

Quand il dit qu'Amé s'arrêta après avoir fait six pas, et qu'il arracha sa visière hors de salade et la jetta loin de luy en arrière, il fait voir un homme qui ne se soucie guere d'etre blessé au visage, pourveu qu'il ait la veue libre et que cela lui donne plus de moien de battre son ennemy.

On voit encor dans ce chapitre qu'Amé de Rabutin étoit fort aymé.

Enfin, je ne croy pas qu'on puisse voir dans aucune histoire un si agréable portrait d'un gentilhomme particulier, ny un si bel éloge que celuy que messire Olivier de la Marche fait d'Amé de Rabutin dans ce chapitre.

En 1452, le 29° avril, Amé de Rabutin fit un remplacement sur sa terre de Balorre de dix mille livres en principal faisant mille livres de rente à Claude de Traves, sa fame, pour pareille somme de son mariage qu'il avoit depencée à la guerre. Voicy comme il en parle luy-même dans ce traitté :

« Lesquelles mille livres de rente me convint vendre ja pieça tout à l'occasion des guerres qui ès tems passés ont regné en Bourgongne par lesquelles je fus prins des ennemis de mon très redouté seigneur monseigneur le duc de Bourgongne par deux fois, dont me convint pour payer mes rançons engager plusieurs de mes terres et chevances, etc. »

On voit par là qu'Amé de Rabutin ne faisoit pas seulement de la dépence dans les carrousels, et qu'il étoit aussi brave dans la guerre que galant dans la paix.

La même année 1452 Amé va servir en Flandres où il commandoit cinquante lances, et sur la fin de la campagne, il revint en garnison dans Courtray, comme il se voit dans le premier livre des Mémoires de messire Olivier au chapitre vint et cinquiesme intitulé :

Comment le duc de Bourgongne deffit ceux qui fuyoient du siége d'Audenarde vers Gand, etc., en 1452.

« Assés tost après, le duc se tira à Termonde et ordonna ses garnisons fortes et puissantes. Le comte de Saint-Paul et seigneur de Cimay furent envoiés à Aloso. Le comte d'Etampes demeura à Audenarde, et le maréchal de Bourgongne fut ordonné à Courtray et eut bien trois cent lances de Bourgongnons ; et furent les chefs le seigneur de Ray, le seigneur de Beauchamp, le seigneur d'Epiry et autres. »

En 1453, Amé de Rabutin sert encor en Flandres avec 50 lances, comme il se voit dans le premier livre de messire Olivier de la Marche au chapitre vint et huitiesme intitulé :

De la bataille de Gand gagnée par le duc de Bourgongne sur les Gandois en 1453.

« Ordonnances furent faites et premierement prit place l'avant-garde que conduisoient le maréchal de Bourgongne et le seigneur de Cimay et furent avec eux de grands seigneurs et de grands personnages de Bourgongne, de Picardie et de Hainaut, et furent d'icelle avant-garde envoiés devant comme sur une aisle à la main dextre les seigneurs de Beauchamp et d'Epiry qui avoient en charge cent lances de Bourgongnons ou environ. »

Et plus bas dans le même chapitre :

« Là aborda l'artillerie des Gandois et par trois fois, et à trois reprises marchèrent les Gandois gagnant place et champ sur les escarmoucheurs. Nonques les batailles ne les ordonnances ne se bougèrent, bien fut vray que le maréchal de Bourgongne manda au seigneur de Beauchamp et au seigneur d'Epiry qu'ils reculassent leurs enseignes et leurs compagnies pour plus avant attraire les Gandois ; mais le seigneur de Beauchamp répondit que l'on l'avoit trop avancé pour reculer, et combien que la réponce meust de haut et vaillant courage, et que tout bien prist de cette chose, si fut-il consulté de prier mercy au duc de la désobeissance qu'il avoit faitte à son maréchal ; et ce veuille-je bien écrire pour montrer aux jeunes gens qui ces mémoires liront que, selon l'ordre de bataille, nulle chose n'est estimée bien faitte contre le commandement du chef ne de ses lieutenants. L'artillerie des Gandois tiroit à grande force, si fut avisé d'envoier de la legère artillerie devant les premières compagnies, et sitost que la ditte artillerie fut assise, et qu'elle commença à tirer, les Gandois s'ouvrirent et se déréglèrent de leur ordre. Si chargèrent les seigneurs de Beauchamp et d'Epiry dedans moult vivement. »

On peut remarquer dans ce chapitre qu'Amé étoit un homme de valeur et de conduitte puisqu'il fut choisy pour un des deux qui fut détaché de l'armée pour aller engager les Gandois à la bataille.

L'on peut voir encor la différence qu'il y avoit du mérite d'Amé à celui de Beauchamp. Amé obeit au commandement que luy fait son général de se retirer. Beauchamp ne le fait pas et pour cela est obligé d'en venir demander pardon au duc. Cependant quand Amé voit qu'il est a propos de charger, il va aussy loin que Beauchamp, comme dit Olivier de la Marche :

« Si chargèrent les seigneurs de Beauchamp et d'Epiry dedans moult vivement. »

De sorte qu'on peut voir par là qu'Amé avoit la valeur d'un honnête homme et Beauchamp celle d'un brutal.

En 1465, Amé de Rabutin se trouve à la bataille de Mont-le-Hery, comme il se voit dans le premier livre des Mémoires de messire Olivier de la Marche au chapitre trente cinquiesme intitulé :

Comment le roy Louis mécontenta le comte de Charolois.

« Si reviendrons à parler en iceluy tems des Bourgongnons que menoit et conduisoit le maréchal de Bourgongne, messire Thibaut de Neufchatel, seigneur de Blancmont. Il avoit avec luy les deux freres de Toulongeon, messire Claude et messire Tristan, lesquels étoient bien accompagnés. Aussi avoit-il le seigneur d'Epiry, le seigneur de Ru, le seigneur de Soie et les enfans de Vaudré que conduisoit Philippes de Vaudré, gruyer de Bourgongne. »

On peut remarquer dans ce chapitre que le maréchal de Bourgongne venant joindre le comte de Charolois auprès de Paris avec l'armée de Bourgongne, messire Olivier de la Marche nomme le seigneur d'Epiry parmy les premiers grands seigneurs du pays qui suivoient ce maréchal.

En 1472, Amé de Rabutin fut tué sur le pont de Beauvais en allant à l'assaut, comme il se voit dans le second livre des Mémoires de la Marche, au second chapitre intitulé :

Comment le duc Charles de Bourgongne ayant couru par Vermandois, assiége Beauvais en 1472.

« Et le duc de Bourgongne par un matin fit assaillir Beauvais, mais il n'y gagna rien, ains y perdit beaucoup de gens, et là mourut vaillant chevalier bourgongnon que l'on nommoit le seigneur d'Epiry (dont ce fut grand dommage), car il étoit moult vaillant chevalier. »

On ne scauroit voir un plus bel epitaphe que celuy la, ny plus honorable ; messire Olivier dit que la mort d'Amé fut une grande perte et repete en quatre lignes deux fois quil étoit moult vaillant chevalier.

Mais on pourroit dire que messire Olivier de la Marche, étant de même party qu'Amé, le flatte. Voyons donc comment messire Philippes de Comines, homme de grande qualité, confident de Louis onze, le plus fidèle et le plus judicieux historien qui ait jamais ecrit, traitte Amé en cette même rencontre, dans le troisième livre de ses Mémoires au chapitre dixiesme, intitulé :

Comment le duc de Bourgongne voyant qu'il ne se pouvoit saisir de Beauvais devant laquelle il avoit planté son camp, s'en alla devant Rouen, en 1472.

« A l'aube du jour fut l'assaut très bien assailly et très hardiment, et encor mieux défendu ; grand nombre de gens passèrent pardessus ce pont et y fut étouffé monseigneur d'Epiry, un viel chevalier de Bourgongne qui fut le plus homme de bien qui y mourut. »

Et plus bas dans le même chapitre :

« A cet assaut moururent environ six cent hommes, le plus grand fut monseigneur d'Epiris. »

Et plus bas dans le même chapitre :

« Ils blessèrent un fort homme de bien nommé messire Jaques d'Orson, maitre de l'artillerie dudit duc, qui, peu de jours après, mourut de la ditte blessure. »

On peut remarquer dans ces trois endroits que Comines parle d'Amé de Rabutin comme d'un homme de grand-qualité et comme d'un fort brave homme, et il le montre bien quand après avoir dit qu'Amé fut le plus homme de bien qui mourust à cet assaut, il dit que messire Jaques d'Orson, maitre de l'artillerie du duc, fort homme de bien, y mourut aussy.

Paradin de Cuiseaux parle aussy de la mort d'Amé dans le troisiesme livre de ses Annales, au chapitre intitulé :

De Noie et Mondidier pris par le duc de Bourgongne et du siége mis devant Beauvais en 1472.

« Le duc voyant le devoir des gens de bien estant en la ville et qu'il n'y étoit pas entré tel nombre de vaillans hommes pour la laisser prendre ou pour la rendre, se leva de ce siége après y avoir perdu le seigneur d'Epiry et Jaques d'Orson, maitre de son artillerie. »

Paradin nomme Amé devant le maitre de l'artillerie du duc, qui avoit pourtant une grande charge; il le nomme le seigneur d'Epiry et l'autre Jaques d'Orson, qui est encor une grande difference.

Toute la récapitulation qu'on peut faire est qu'Amé de Rabutin, seigneur d'Epiry, a été un cavalier fort accomply et qui fait grand honneur à sa maison.

Amé de Rabutin laissa de Claude de Traves cinq garçons et trois filles.

Les garçons furent : Hugues de Rabutin, Cyprien, Sebastien, Christophe et Guillaume.

Les filles furent : Janne, Louise et Sidone de Rabutin.

Cyprien de Rabutin, surnommé l'Antien sur ses vieux jours, à cause qu'il vescut plus de quatre vingt dix ans et qu'il y avoit d'autres Cypriens de Rabutin que luy, fut seigneur de Varennes; il ne fut jamais marié, mais il laissa une fille naturelle, appelée Marie de Rabutin. Il mourut le 8º septembre 1543. Cette Marie passa sa vie à Saint-Julien-sur-Deune sans être religieuse. On voit, par une transaction faite entre Hugues et Christophe de Rabutin frères, en 1522, que cette Marie était batarde.

Sebastien de Rabutin fut prieur de la Madelaine-les-Charoles suivant un partage du 14º may 1472 fait en présence de noble et puissant seigneur Jaques de Traves, seigneur de la Porcheresse, de noble seigneur Jean, seigneur d'Aumont et Mussy la Fosse, de nobles hommes Hugues et Simon de Loges et de Laboulaye frères, de Claude de Loges, chanoine d'Autun, de Guillaume de Loges, prieur de Saint Martin sur Vigonnes, de Sebastien de Rabutin, prieur de la Madeleine-les-Charoles et de Cyprien de Rabutin, entre Hugues de Rabutin, écuier, seigneur de Haban et de Sully, dame Jeanne de Montagu, sa fame, et Cristofle de Rabutin, ecuier, des biens qui leur etoient echeus par la mort de noble seigneur messire Amé de Rabutin, chevalier, seigneur d'Epiry, S.-Marc, Saugy, Saint Jean de Lude, la Troche, Echasse, Saint Aubin, Varennes, Balorre en Charolais, la Vernatte, Curanges, la Ferandoise, l'Esclan, Escron, Martigny, Merisy, Aluse, Navilly, et Chanotte et Pontoul, et de dame Claude de Traves, leurs père et mère.

Guillaume de Rabutin, dernier fils d'Amé, fut prieur de Notre Dame de Charmes en 1520.

Jeanne de Rabutin epousa Pierre Palatin de Dio, seigneur de Monperroux.

Louise de Rabutin etoit prieure de Saint Julien sur Deusne en 1502.

Sidone de Rabutin epousa noble homme Désiré du Pin en 15....

A MADAME LA DUCHESSE D'HOLSTEIN

COMTESSE DE RABUTIN.

Vous faittes un si grand honneur à la maison de Rabutin, Madame, et particulierement à la branche ou vous etes entrée, que nous ne scaurions jamais asses vous en temoigner notre reconnoissance. Pour moy qui suis aujourdhuy le chef de cette famille, jay une joie infinie de la grace que vous luy avés faittes et il n'y a que mon cousin votre mary qui en soit plus aise que moy.

Je me souviens, Madame, que la premiere fois que vous me fistes l'honneur de me mander votre mariage, vous m'ecrivistes que mon cousin avoit bien du merite; j'en demeurè d'accord avec vous et j'en conviens encor aujourdhuy, mais vous mavouerés aussy qu'il est bien heureux, car enfin, Madame, vous savés que ce ne sont pas les mepris ny les rigueurs de votre sexe qui l'ont fait sortir de France, et qu'il n'a pas eté longtems en Allemagne sans qu'une des plus belles princesses de l'empire l'ait jugé digne de l'epouser. Nous voyons dans ce royaume de grandes et de surprenantes fortunes, mais nous n'en voyons point de si complettes que celle de mon cousin. Il n'a rien à souhaitter du coté du plaisir et de la gloire, il n'a qu'a demander à Dieu que cela dure longtems et que vous ne vous quittiés qu'après avoir laissé des restes de vous deux qui perpestuent cette branche jusqu'à la fin du monde.

Ce sont la mes souhaits, Madame, et que vous me croiés avec toute l'estime, l'amitié et le respect imaginables pour vous, votre très humble et très obeissant serviteur.

LA BRANCHE

DE MESSIEURS DE RABUTIN CHAMVIGYS

Christophle de Rabutin, seigneur de Balorre, quatriesme fils d'Amé de Rabutin, seigneur d'Epiry, et de Claude de Traves, epousa Marie de Stainville, comme il se voit par la donation du premier fevrier 1477 signée Godin, notaire au comté de Charolois, faitte par noble seigneur Christophle de Rabutin, ecuier, seigneur de Balorre, a damoiselle Marie de Stainville, seur de nobles sieurs Charles et Jean de Stainville, seigneurs de Poilly, en faveur de son mariage avec elle.

Christophle de Rabutin eut de Marie de Stainville Cyprien de Rabutin et Marie de Rabutin.

Cyprien de Rabutin, fils de Christophle, fut seigneur de Balorre.

Il epousa Louise de Messey, vefve du seigneur de Chauvirey et fille d'Eudes de Messey et de Tiennette de Colombier, comme il se voit par un acte du 28º aoust 1539 signé Tomas, notaire en Charolois, contenant le traitté de mariage fait le 2º mars 1538 entre noble seigneur Cyprien de Rabutin, chevalier, seigneur de Balorre et damoiselle Louise de Messey, fille de noble Odot, seigneur de Messey, ecuier et de damoiselle Tiennette de Colombier.

On voit que Cyprien est fils de Christophle de Rabutin et de Marie de Stainville par l'acte de creation de tutelle fait pardevant Etienne Jyard, sieur de Bessy, licentié es loix et en droit, lieutenant general du bailly de Charolois le 4ᵉ may 1493 à Cyprien et Marie, enfans de noble homme Christophle de Rabutin, ecuier, seigneur de Balorre et de Marie de Stainville, en presence de Sebastien de Rabutin, prieur de la Madelaine des Charoles et de noble personne Hugues, seigneur d'Epiry et de Bourbilly, leurs oncles.

Cyprien de Rabutin eut de Louise de Messey Louis de Rabutin.

Louis de Rabutin, seigneur de Chamvigny, epousa Esmée du Crest, fille de noble homme Hugues du Crest, seigneur de Chamvigny et de damoiselle Marie de Moroges. Ladite Esmée, assistée de nobles seigneurs Claude du Crest, seigneur de Pressy, et Gilbert du Crest, ses oncles, et de damoiselle du Crest, sa tante, femme d'Antoine de Villiers.

Le contract de mariage de Louis de Rabutin et d'Esmée du Crest est du 22ᵉ juillet 1572, receu du Four et Le Soulle, notaires en Charolois, qui qualifient Louis de

Rabutin, fils de noble et puissant seigneur messire Cyprien de Rabutin, chevalier.

Louis de Rabutin eut d'Emée du Crest Hugues de Rabutin et Francoise de Rabutin ; celle cy fut mariée au seigneur de Hautecome de la maison de Brancion.

Hugues de Rabutin, seigneur de Chamvigny, epousa Peronne des Marins par contract du 3º avril 1600, signé Dubois, notaire à Charoles. Cette Peronne des Marins etoit fille de noble Louis des Marins, seigneur de Mongenoust et d'Antoinette de l'Aubespin.

Hugues de Rabutin eut de Peronne des Marins quatre garcons et sept filles.

Leonor de Rabutin, l'aisné des garcons, seigneur de Chamvigny, fut guidon des gendarmes du maréchal de Vitry ; il epousa Renée de Saint Paul, vefve de Jaques de Monbeton, seigneur de Selles et fille d'Antoine de Saint Paul, seigneur d'Ouartigny, gouverneur de Vitry, de Mesieres et de Reims et lieutenant general pour le roy au gouvernement de Champagne, et de Gabrielle de Poisieu.

Renée de Saint Paul etant morte sans avoir laissé d'enfans de Leonor de Rabutin, celuy cy se rendit minime.

Jaques de Rabutin, second fils d'Hugues, fut seigneur de Chigny, enseigne des gendarmes du marechal de la Motte en Italie et tué au siége de Turin.

Il ne laissa de son mariage avec Philippe de Moroges qu'Henriette de Rabutin, dame de Chigny, qui épousa messire Charles de Champier, baron de Jouy (4),

Et Louise de Rabutin, mariée au sieur d'Essertenes.

Leonor de Rabutin, 3e fils d'Hugues, mourut capitaine de cavalerie en Italie sans avoir été marié.

Emée, Philiberte, Antoinette, Charlotte, Louise, Anne et Leonore de Rabutin furent toutes religieuses.

Jean de Rabutin, seigneur de Selles, quatriesme fils d'Hugues de Rabutin, fut d'abord comte de Saint Pierre de Macon et puis il épousa dame Françoise de Monbeton, fille de messire Jaques de Monbeton, seigneur de Selles et de Renée de Saint Paul, de sorte que sa belle sœur devint sa belle-mère.

Le contract de mariage de Jean de Rabutin est du 25 feuvrier 1642. Receu Charlier et Rogier, notaires à Reims.

Jean de Rabutin eut de Françoise de Monbeton six garçons et deux filles :

Joseph-Charles de Rabutin l'aisné, capitaine au régiment de Piedmont, fut fort blessé au siège de Besançon et la même campagne tué à la bataille d'Einisein ; s'il eust vescu son esprit et sa valeur l'auroient poussé bien loin.

Louis de Rabutin ;

Guillaume de Rabutin ;

Charles de Rabutin ;

Jules de Rabutin;

Louis Francois de Rabutin;

Gabrielle de Rabutin.

Louis de Rabutin, auiourduy lesné de la branche des Rabutins Chamvigis, épousa en 1682 Dorothée-Elisabeth de Holstein, de la maison royalle de Dannemarc, mais plus considérable encor par sa beauté, par son merite et par sa vertu que par la grandeur de sa naissance.

Hugues de Rabutin, chevalier, seigneur d'Epiry, fils ainé d'Amé de Rabutin et de Claude de Traves, épousa Jeanne de Montagu, fille de Claude de Montagu, seigneur de Couches, le dernier des princes de la royalle maison de Bourgongne (5).

Nous n'avons pas ce contract de mariage, mais nous avons des actes équivalans.

Premierement, la donation de Bourbilly par messire Claude de Montagu à Hugues de Rabutin, son gendre, le 20e octobre 1467 (6),

La donation de Sully par le même Claude au même Hugues du 20e novembre 1469, font voir que ledit Hugues avoit épousé Jeanne de Montagu, fille dudit Claude.

Hugues de Rabutin fut conseiller et chambellan du Roy Charles huit, capitaine de cinquante lances de la grande ordonnance et son seul lieutenant général au gouvernement de Bourgongne (7).

Hugues de Rabutin eut de Jeanne de Montagu vint et deux enfants dont il ne resta que six garçons et huit filles, le reste étant mort fort jeune.

Les garçons furent Claude, Jean, Sebastien, Hugues, Blaise et Cyprien.

Les filles furent Anne, Louise, Suzanne, Antoinette, Louise, Philippe, Aymonde et Claude.

Jean de Rabutin, seigneur de Bourbilly, épousa Jaqueline de la Reniere, de laquelle il n'eut point d'enfants, comme il se voit par le partage fait le 22º septembre 1522, entre Claude et Blaise, son frère, de la succession de Jean, leur frère.

Sebastien étoit abbé de Moutier Saint Jean en 1492, comme il se voit dans le livre du père Royer, jésuite, qui a fait l'histoire de cette abbaie.

Hugues de Rabutin, quatriesme fils d'Hugues, fut protonotaire du Saint Siége Apostolique comme il se voit par un contract fait en 1515. Il fut depuis chevalier de Malte et commandeur de Pontaubert.

Blaise de Rabutin, cinquiesme fils de Hugues de Rabutin, fut seigneur d'Huban et de Brinon. Il épousa Françoise de la Porte, fille du seigneur de Lion et vicomte de Saint George.

Blaise de Rabutin eut de Françoise de la Porte un garçon et une fille.

Le fils fut Blaise de Rabutin, second du nom, seigneur d'Huban et de Brinon. Il épousa Madeleine de

Pontaillier, de laquelle il n'eut qu'une fille appelée Bénigne de Rabutin, qui épousa François d'Anlezy, seigneur d'Epenilles (8).

La fille du premier, Blaise de Rabutin, et sœur du second, fut Gilberte de Rabutin, qu'on appeloit à la cour la belle Huban ; elle épousa Philibert d'Anlezy, père de François, de sorte qu'elle étoit belle mère de sa nièce Bénigne de Rabutin.

Cyprien de Rabutin mourut sans avoir été marié.

Anne de Rabutin, lesnée des filles de Hugues, épousa Jaques de Neuchatel comme il se voit par une quittance que celuy-cy donne en 1525 au profit des héritiers de messire Claude de Rabutin, son beau frère.

Louise de Rabutin, seconde fille d'Hugues, épousa François de Maugiron.

Suzanne de Rabutin, troisiesme fille d'Hugues, épousa........ de la Tournelle.

Antoinette de Rabutin, quatriesme fille d'Hugues, épousa en premieres noces Adrien Damas, seigneur de la Basolle, et en secondes noces elle épousa Louis de Mongommery, seigneur de Lantenay.

Louise de Rabutin, cinquiesme fille d'Hugues, fut prieure de Saint Julien sur Deune (9).

Philippes, Aymonde et Claude de Rabutin, furent religieuses au prieuré de Saint Julien sur Deune.

Claude de Rabutin, seigneur d'Epiry et de Sully, fils aîné de Hugues de Rabutin et de Jeanne de Montagu, fut conseiller et chambellan du Roy Charles huit, capitaine de cinquante lances de la grande ordonnance, et colonel général des Suisses. Il posséda toutes ces charges sous Louis douze, et partagea de plus la faveur du Roy, son maître, avec Bonneval et Chatillon, et l'on disoit comme un dictum :

>Epiry, Chatillon et Bonneval
>Gouvernent le sang royal.

Il perdit toutes ses charges après la mort du Roy Louis douze, et en voicy la raison :

Louis douze étant un jour enfermé dans son cabinet, et ayant commandé à Claude de Rabutin (qui étoit comme est auiourduy le capitaine des cent Suisses de la garde), qu'il ne laissast entrer personne, Monseigneur d'Angoulesme, heritier presomptif de la couronne (qui fut depuis François premier), vint à la porte du cabinet du Roy et y voulant entrer, Claude de Rabutin luy dit l'ordre qu'il avoit; Mgr d'Angoulesme luy répondit que cet ordre n'étoit pas pour luy, et disant cela, voulut ouvrir la porte. Claude de Rabutin l'en empescha, le repoussa le plus respectueusement qu'il put, ce qui offença si fort Mgr d'Angoulesme, que s'en souvenant lorsqu'il fut Roy, il obligea Claude de se deffaire de sa charge et de se retirer de la Cour. Cependant François premier étant en Italie, et donnant la bataille de Marignan contre les Suisses, Claude de Rabutin s'y trouva, y fut tué et enterré anx Cordeliers de Marignan.

Il avoit épousé en première noces Barbe Damas, fille de........ Damas, seigneur de la Basolle, et en secondes noces il épousa Jeanne de la Vernade, vefve de Jaques Cœur, seigneur de Monglat, et fille de Messire Charles de la Vernade, chevalier et conseiller d'Etat, et d'Antoinette Spifame.

Claude de Rabutin n'eut point d'enfant de Jeanne de la Vernade, mais il eut de Barbe Damas deux garçons et quatre filles.

Les garçons furent Christophle et Hugues.

Les filles furent Marguerite, Caterine, Philippes et Louise.

Hugues de Rabutin, second fils de Claude, fut seigneur d'Epiry. Il épousa Louise Rolin, dont il eut trois garçons et une fille.

Les garçons furent Christophle, René et Antoine de Rabutin.

La fille fut Melchionne de Rabutin.

Christophle de Rabutin, fils aîné d'Hugues épousa Claude de Sainte Maure, dont il n'eut point d'enfans, et mourut avant Hugues, son père.

René de Rabutin, baron d'Epiry, second fils de Hugues, ayant été fort blessé à la guerre, et cela le mettant hors d'état de se pouvoir marier, donna sa terre d'Epiry à son cousin germain, François de Rabutin, mon grand père.

Antoine de Rabutin, seigneur de Chaseu (10), troisième

fils d'Hugues de Rabutin, épousa Charlotte d'Anlezy, dont il n'eut point d'enfans; cela l'obligea de donner sa terre de Chaseu à Léonor de Rabutin, mon père, fils de son cousin germain.

Melchionne de Rabutin, fille d'Hugues, ne se maria point.

Marguerite de Rabutin, fille aînée de Claude de Rabutin, épousa messire Jean de Salignac.

Caterine de Rabutin, seconde fille de Claude, fut abbesse de Rougemont.

Philippes de Rabutin, troisiesme fille de Claude, épousa messire Louis de Vertambaut.

Louise de Rabutin, quatriesme fille de Claude, ne fut point mariée.

Christophle de Rabutin, seigneur de Sully et de Bourbilly, fils ainé de Claude et de Barbe Damas, épousa Claude de Rochebaron, fille de François de Rochebaron, comte de Berzé, et de Louise Hugonet de Saillant.

Christophle de Rabutin eut de Claude de Rochebaron cinq garçons et une fille.

Les garçons furent Charles, Celse, Guy, François et Jean de Rabutin.

La fille fut Aymée de Rabutin, mariée à Philippe de Vichy, seigneur du Jeu en l'Autunois (11).

Chaales de Rabutin, fils ainé de Christophle, fut protonotaire du Saint Siége Apostolique.

Celse de Rabutin, second fils de Christophle, fut seigneur de Bourbilly, et ne se mariant point, il donna cette terre à Christophle de Rabutin, son neveu, fils de Guy de Rabutin.

Jean de Rabutin epousa N....... de Monins, dont il n'eut qu'une fille, Marie de Rabutin, mariée à Eraste de Vins, seigneur de Barcuil.

Guy de Rabutin, troisiesme fils de Christophle, fut un grand homme, beau et bien fait. Il étoit fort jeune au combat de Ranty en 1552. Il y fut fort blessé (à ce que dit Francois de Rabutin, batard de ma maison, dans ses Commentaires des guerres de Henry second, le nommant le jeune Bourbilly).

Il épousa, le 19° janvier 1560, Françoise de Cosseret, fille de messire Charles de Cosseret, seigneur de Bauvoir, et d'Anne d'Anlezy.

Ce mariage n'éteignit pas tellement ses feux qu'il ne devinst amoureux de sa cousine de Traves, laquelle son mary allant faire un voyage en Poitou, avoit laissée à sa maison de Vanteau, dans le voysinage de Montelon, où Guy de Rabutin étant alors, avoit pris soin de desennuier sa cousine. Les suites de cette galanterie furent facheuses aux deux maisons, car Traves ayant, à son retour, maltraitté sa fame sur la conduite qu'il avoit apris qu'elle avoist eu en son absence, Guy de Rabutin prit son tems que Traves étoit à la chasse pour enlever sa maîtresse. Il ne faut pas demander quel bruit fit cette violence et quel ressentiment eut Traves de cet affront. Cependant je ne trouve point de combats, et je ne voy que de grandes poursuites en justice qui incommoderent fort ces deux maisons, et plus encore celle de Traves que celle de Rabutin.

En 1570, le Roy Charles neuviesme, voulant recompencer par des honneurs les services de Chantal, luy donne son Ordre et luy écrit cette lettre :

« Monsieur de Chantal, pour vos vertus, vaillances et merites, vous avés été choisi et eleu par l'assemblée des chevaliers, frères et compagnons de l'ordre monseigneur Saint-Michel pour etre associé à ladite compagnie, pour laquelle election vous notifier et vous présenter de ma part le collier dudit ordre, j'envoie presentement memoire et pouvoir au seigneur de Monmorancy, vous priant vous rendre devers luy pour cet effet et etre content d'accepter l'honneur que la compagnie vous desire faire, qui sera pour augmenter de plus en plus l'affection et bonne volonté que je vous porte, et vous donner occasion de perseverer en la devotion qu'avés de me faire service. Ainsy que vous fera plus plein entendre de ma part ledit seigneur de Monmorancy, auquel je vous prie adiouter sur ce autant de foy que vous feriés à moy meme. Priant Dieu, monsieur de Chantal, qu'il vous ait en sa sainte garde. Ecrit à Burtal, le 20ᵉ jour de mars 1570. Signé Charles, et plus bas de l'Aubespine. »

Trois mois après, le Roy donne une place de gentilhomme ordinaire de sa chambre à Chantal.

Henry troisiesme, étant parvenu à la couronne, employa fort Chantal et le fit capitaine d'une compagnie de cinquante lances de la grande ordonnance en 1589.

En 1590, Henry quatriesme étant parvenu à la couronne, écrit de sa propre main cette lettre à Chantal par son fils :

« Monsieur de Chantal, j'ay receu la votre, je suis bien marry que iusques icy je n'aye pu faire pour vous ce que vous desirés, l'incommodité de mes affaires m'en a plus empesché que la volonté, mais j'espère bientot qu'il se presentera occasion pour laquelle je vous pourray temoigner la souvenance que j'ay de vous et de vos services. Vous entendrés de mes nouvelles par votre fils présent porteur auquel j'ay donné congé de vous aller trouver sur l'assurance qu'il m'a donné de revenir au plustôt. Donnés luy des moiens pour reprendre mon service attendant que j'en aye pour en pouvoir departir à mes serviteurs et nommement à luy que j'ayme et duquel je fais cas; s'il se présente jamais occasion de pouvoir faire pour luy, il m'y trouvera fort disposé. Ne le retenés que le moins que vous pourrés, car il se presentera tous les jours des occasions pres de moy où il auroit trop de regret de manquer; je m'en assure aussy que vous en seriés bien marry. Sur ce, je prie Dieu qu'il vous ait, M. de Chantal, en sa garde. A Saint Denis, ce 3e novembre 1590.

« HENRY. »

Christophle, fils de Guy de Rabutin, demeura deux

ans durant auprès de son père pendant lesquels il se maria à Jeanne Fremyot, le 28° décembre 1592 (12).

Quelque tems après, Chantal fit cette réponse au Roy :

« Sire,

« Puisqu'il a plu à Votre Majesté me faire cet honneur que d'avoir receu celle que je vous ay par cy devant ecritte de bonne part et m'assurer que les commodités vous croissant, vous aurés souvenance de mes services passés, je prendray la hardiesse de la supplier très humblement de s'en ressouvenir quand l'occasion s'en présentera, et ne trouver par cy après mauvais l'importunité que j'en pourray faire pour l'entretenement de ma compagnie de gendarmes, affin de continuer le très humble et fidèle service que je luy dois. Pour l'égard de mon fils j'ay grand regret, Sire, en l'heur qu'il a, et l'honneur que luy faittes d'en faire état, que mes moyens épuisés par les services précedens n'accompagnent ma sincère et fidelle affection, ne tirant rien de ce peu qui me reste qu'à la pointe de l'épée ; à quoi, Sire, vous pouvés suppléer ou remédier par votre liberalité, donnant à ce jeune homme de bonne volonté et qui est grandement affectionné le moien de vous pouvoir suivre aux magnanimes et heroiques exploits et vertueuses entreprises par lesquels vous consacrés votre nom à l'immortalité, étant très marry du long séjour qu'il a fait qui a été plus long que je n'eusse desiré, ses vieilles blessures s'étant rouvertes par une grande longueur de tems et aussy les affaires de ma maison m'ayant induit à le marier, me servira d'excuse et à moy aussy si comme vieil gentilhomme francois je parle ouvertement à la vieille françoise. Priant Dieu qu'il vous donne en toute prospérité et santé,

Sire,

Très heureuse et longue vie.

Votre très humble et très affectionné suiet et serviteur.

« Chantal. »

Après cela, je ne trouve rien de Chantal jusqu'à sa mort.

Il laissa de Françoise de Cosseret Christophle de Rabutin.

Christophle de Rabutin, fils unique de Guy et de Françoise de Cosseret, fut un fort brave gentilhomme, le temoignage qu'en rend le roy Henry quatre est un bel éloge pour luy. Il étoit fort dé et cela lui attiroit des querelles avec les brutaux qui ne croyent pas qu'on puisse etre brave sans etre fanfaron, mais il les desabusoit à grands cous d'epée. Cependant en dix huit combats singuliers qu'il a fait et dans lesquels il a toujours eu avantage, il n'a jamais tué personne.

En 1589, le Roy Henry trois luy donne un regiment d'infanterie de seize cent hommes en huit compagnies, suivant la commission de cette datte signée Henry et plus bas Rusé.

En 1592, le roy Henry quatriesme luy donne une pension de douze cent écus assignés sur le prieuré de Saint Martin des Champs, suivant le brevet de cette datte signée Henry, et plus bas Potier.

En cette même année Christophle de Rabutin qu'on appeloit Chantal, épousa Jeanne Fremyot, le 28ᵉ décembre. Il avoit été fort galant jusqu'à ce mariage, mais trouvant en sa fame de grands agréments de cors et d'esprit, il s'y attacha fortement et elle l'ayma aussy avec des tendresses extraordinaires; ce qui entretint encor cet amour jusqu'à sa mort, furent les fréquentes absences et plus longues que les séjours qu'il faisoit auprès d'elle. Quand il étoit à l'armée ou à la cour, elle se donnoit toute à Dieu; veritablement quand il retournoit auprès d'elle, elle se donnoit tout à luy (13).

En 1595, le roy Henry quatriesme le fait gentilhomme ordinaire de sa chambre, comme il se voit par le brevet de cette datte signé Henry, et plus bas Rusé.

En 1600, Chantal étant revenu chés luy malade d'un flux hépatique, il en guerit avec assés de peine et commençant à se mieux porter, il alloit assez souvent à la chasse. Un jour qu'il y étoit avec d'Anlezy, seigneur de Chazelle, son voisin, son parent et son bon amy, chacun une harquebuse sur l'epaule (car on se servoit encor alors fort rarement de fusil), la détente de celle de Chazelle s'en alla et blessa Christophle au ventre, dont il mourut huit jours après avec une fermeté, et une resignation aux volontés de Dieu, digne du mary d'une sainte.

Cette mort extraordinaire interrompit une grande fortune que Christophle auroit faite assurement, s'il avoit vescu un âge un peu avancé (car il n'avoit que 36 ou 37 ans quand il mourut). Il y en avoit deja et plus de vint qu'il fesoit parler de luy à la guerre. Il se signala particulièrement au combat de Fontaine Françoise, où il fut fort blessé à la veue du Roy Henry quatriesme, et au temoignage de ce prince, il ne contribua pas peu à la victoire. La manière dont le roy parla de Chantal au sortir du combat lui fit plus d'honneur dans l'esprit des justes estimateurs de la gloire que tels batons de maréchaux de France n'en firent pendant ce règne à quelques particuliers. En ce temps là comme en celuy cy les recompenses d'honneur n'étoient pas toujours pour les plus dignes, mais seulement pour les plus heureux.

La mort de Chantal fut la prédestination de Jeanne Fremyot, car elle quitta le monde bientôt après et s'étant remise à la conduite de Saint François de Sales, elle institua avec luy ce bel ordre de la Visitation de Sainte-Marie.

Il semble que Dieu jaloux du partage du cœur de Jeanne Fremyot avec son mary, le voulut relever à luy par une mort precipitée.

Chantal laissa de Jeanne Fremyot un garçon et trois filles :

Celse-Bénigne de Rabutin, baron de Chantal, dont je parleroi cy-après ;

Marie-Aymée de Rabutin, mariée à Jean de Sales, baron de Toran, frère de Saint Francois de Sales. Elle mourut fort jeune d'une couche avant terme et vescut comme une sainte (14).

Francoise de Rabutin, mariée à Antoine de Toulongeon, capitaine au regiment des gardes du Roy Louis treizieme, et gouverneur des ville et citadelle de Pignerol, homme de grand merite et qui fust allé bien loin sur le chemin de la fortune s'il eust vescu un peu davantage. Sa femme qui demeura vefve assés jeune, songea plus au bien de sa maison qu'à ses plaisirs, et il y parut, car elle donna un grand mariage à Gabrielle de Toulongeon sa fille, et laissa beaucoup de bien à son fils, quoyque son mari ne lui en eust pas laissé un fort considerable.

Charlotte de Rabutin, troisieme fille de Christophle et de Jeanne Fremyot, mourut agée de huit ans.

Celse-Bénigne de Rabutin (15), baron de Chantal, fils de Christophle et de Jeanne Fremyot, naquit en 1596. Ce fut un des plus accomplis cavaliers de France, soit pour le cors, soit pour l'esprit, soit pour le courage. Il avoit la taille la plus forte du monde. Il dançoit avec une grace sans pareille. Il faisoit si bien des armes que si l'on n'eust connu qu'il étoit brave aux marques qu'il en avoit données à l'armée, on n'en eust pas pu juger à ses combats particuliers, tant il les fesoit surement.

Il étoit extremement enjoué; il y avoit un tour dans ce qu'il disoit qui rejouissoit les gens, mais ce n'étoit pas seulement par là qu'il plaisoit, c'étoit encor par l'air et la grace dont il disoit les choses; tout jouoit en luy.

Le frequent usage des duels étably parmy la noblesse de France, et surtout parmy les gens de la Cour de Louis treizieme (qui avoit assés negligé dans les commencements de son regne de faire observer exactement ses édits); cette coutume (dis-je) donna occasion à Chantal de se signaler en plusieurs combats singuliers, entre lesquels celuy qu'il fit contre Saligny de la maison de Coligny me paroist digne d'être rapporté.

Ces deux cousins n'avoient jamais eu d'autre sujet de se battre qu'une antipathie naturelle dont on ne peut attribuer la cause qu'à l'envie reciproque de leur réputation. Ils étoient tous deux braves, de même age et de même pays; et quand ces conformités ne font pas naître l'amitié elles ne manquent pas de faire naître la haine. Ils tirèrent l'épée seul à seul au bois de Boulogne et Chantal ayant eu avantage, Saligny n'en convint pas un moment après le combat. Ils recommencèrent donc à se battre, et Saligny ayant été désarmé, cette fois Chantal ne luy voulut rendre son épée qu'à la Muette, chés Boier-Bandole qui étoit gouverneur, devant lequel ils convinrent de leurs faits.

Une autre fois Chantal ayant fait ses devotions à sa paroisse le jour de Pasques avec toute la famille de sa femme, un laquais de Bouteville luy vint dire dans l'eglise (où il étoist encore) que son maitre l'attendoit à la porte Saint Antoine. Il y alla en petits souliers à mules de velours noir (comme on en portoit alors) et servit de second à Bouteville contre Pongibaut. Ce duel fit un fort grand bruit, les prédicateurs déclamerent fort contre un si grand scandale et Chantal se retira en Bourgongne où il fut caché à Alonne (16) chès Toulongeon, son beau frère, pendant quelque temps, après lequel il revint à Paris et puis insensiblement à la cour ou le roy peu jaloux de son autorité ne luy fit pas plus mauvais visage.

Six mois après, Bouteville l'ayant prié d'appeler de sa part le duc d'Elbeuf et cela étant tres difficile à faire sans etre decouvert à cause que cette querelle avoit fort eclaté, Chantal prit son tems pour faire la commission que le duc d'Elbeuf étoit au bal et luy ayant parlé tout haut d'une galanterie quil avoit, ce prince (à qui cela donnoit de l'inquietude) le pressa si fort de luy dire tout bas ce qu'il en savoit qu'il luy fit son appel et puis il reprit tout haut : Eh bien ! Monsieur, suis-je bien averty ? — On ne peut pas mieux (luy répondit le prince). Cependant les démarches qu'il falloit que le duc d'Elbeuf fist dans sa maison firent soupçonner ses domestiques qui en ayant donné avis à la duchesse sa femme et celle-cy au roy, l'affaire fut accomodée.

Chantal avoit été extremement amy de Chalais,

maitre de la garde robe du Roy et l'on disoit à la cour qu'il étoit sa copie. Cela donne de grandes idées de l'original.

Les ennemis de Chantal s'étoient voulu servir du prétexte de cette amitié pour luy rendre de mauvais offices auprés du Roy. Le cardinal de Richelieu qui venoit de faire coupper la tete à Chalais et qui haïssait Chantal à cause qu'il étoit son amy, celuy de Bouteville et celuy de Toiras (qui fut après maréchal de France) avoit fait entendre à Sa Majesté que Chantal avoit de grandes liaisons avec Chalais et comme cela ne détournoit pas assés l'inclination naturelle que ce prince avoit pour Chantal, le ministre qui connoissoit le roy extremement deffiant luy dit que Chantal se moquoit de tout le monde. Ce fut assés pour le faire haïr que de le faire craindre. Voyant donc le mauvais visage que Sa Majesté luy faisoit depuis quelque tems et son bon amy Bouteville venant d'avoir la tete coupée, il s'alla jeter quasi desesperé dans l'isle de Ré en 1627 auprès de Toiras son bon amy.

Voicy comment il est parlé de luy dans le treisieme tome du Mercure françois à la page 836 :

« Pendant que les ennemis faisoient mine de s'attacher à Samblanco, Toiras avoit dès le matin fait marcher le reste de son regiment et de sa compagnie avec celle du sieur Des Roches Baritane, avec les sieurs de Montandre, de la Rabateliere, Cusac et Chantal et le reste des volontaires ses amis qui y étoient en bon nombre. »

A la page 838 du même tome :

« Les principaux des volontaires, comme les sieurs de Chantal, de Noailles, de Sombran, etc., et quantité d'autres gentilshommes de qualité avec le sieur de Rabateliere et ce qu'il y avoit de ses amis et les chevaux legers du sieur de Toiras faisoient quatre escadrons qui voulurent etre commandés l'un par le baron de Chantal, l'autre par la Rabateliere, l'autre par Maulevrier, frere dudit Toiras, l'autre par Sainte-Anne, son neveu. »

A la page 842 du même tome :

« Nous y perdismes, de la cavalerie Rostinclair, frère de Toiras, les barons de Chantal, de Noailles, de Causses, etc. »

A la page 904 du même tome :

« Au même tems fut apporté à Paris le cœur du baron de Chantal qui avoit été tué d'un coup de canon en l'isle de Ré à la descente des anglais. Madame Marie de Colanges, sa femme, le fit mettre en l'église des Minimes de la place Royalle, avec cet épitaphe mémorable :

« *Hospes, si tibi sunt virtus et pietas cordi, siste, atque luge. Pauxillo cor maximum vasculo hic concluditur invicti herois Celsi Benigni de Rabutin, baronis de Chantal, etc.* »

Chantal mourut qu'il n'avoist guères plus de trante

ans; s'il eust vescu davantage et qu'il eust servy (comme il auroit fait assurement dans les guerres qui durèrent pendant le regne de Louis treiziesme) avec la naissance, l'esprit et le courage qu'il avoit, vraysemblablement il seroit allé aux grands honneurs de sa profession. Je dis vraysemblablement, car de certitude, il n'y en a point. La fortune empesche bien les gens sages de s'assurer de rien.

Chantal laissa Marie de Rabutin, fille unique de Marie de Collanges sa femme, fille de Philippes de Collanges et de Marie Berégens, pleins d'honneur et de vertus.

Les morts extraordinaires et avant le temps de Christophle et de Celse Bénigne de Rabutin font bien voir que les prospérités de ce monde ne sont pas les récompenses de gens de bien, puisque la sainte vie de Jeanne Fremyot ne put pas détourner ces malheurs et au contraire. Il semble que Dieu luy envoia ces afflictions pour l'attirer davantage à luy.

Marie de Rabutin, fille de Celse-Bénigne de Rabutin et de Marie de Collanges, naquit toute pleine de graces (17). Ce fut un grand party pour le bien; mais pour le mérite elle ne se pouvoit dignement assortir. Elle épousa Henry de Sévigné, d'une bonne et ancienne maison de Bretagne, et quoy qu'il eust de l'esprit, tous les agrémens de Marie ne le purent fixer. Il aima partout et n'aima jamais rien de si aimable que sa femme. Cependant elle n'aima que luy, bien que beaucoup d'honnetes gens eussent fait des tentations auprez d'elle.

Sévigné fut tué en duel par le chevalier d'Albret, frère du maréchal, Marie étant encore fort jeune. Cette perte la toucha vivement. Ce ne fut pourtant pas (à mon avis) ce qui l'empécha de se remarier, mais seulement la tendresse pour un fils et pour une fille que son mary luy avoit laissez, à quoy se joignit peut etre quelque apprehension de trouver encor un ingrat.

Par sa bonne conduitte (je n'entends point icy parler de ses meurs), je veux dire par sa bonne administration, elle augmenta son bien, ne laissant pas de faire la despense d'une personne de sa qualité, de sorte qu'elle donna un grand mariage à sa fille, et luy fit épouser François Adémar de Monteil, comte de Grignan, lieutenant pour le Roy en Languedoc et puis après en Provence. Ce ne fut pas le plus grand bien qu'elle fit à Françoise de Sévigné que de luy procurer un grand party. La bonne nouriture qu'elle luy donna et son exemple, sont des trésors que les roys mêmes ne peuvent pas toujours donner à leurs enfants. Elle en avoit fait aussy quelque chose de si extraordinaire que (moy qui ne suis point flatteur), je ne me pouvois lasser de l'admirer, et que je ne la nommois plus (quand j'en parlois) que la plus jolie fille de France, croyant qu'à ce nom là tout le monde la devoit connoître.

Marie de Rabutin acheta encore à son fils la charge

de guidon des gendarmes de monseigneur le Dauphin, ce qu'elle fit habilement, n'y ayant rien de mieux pensé que d'attacher de bonne heure ses enfans auprez du jeune prince qui a toujours plus d'égard un jour pour ses premiers serviteurs que pour les autres.

Les soins que Marie de Rabutin avoit pris de sa maison, n'y avoient pas seuls mis tout le bon ordre qui y étoit. L'abbé de Coulanges, son oncle, homme d'esprit et de mérite, l'avoit fort aidée à cela.

En 1683, elle maria le marquis de Sévigné, son fils, à Jeanne-Marguerite de Bréhan de Mauron, à qui l'on donna deux cens mille francs.

Qui voudroit ramasser toutes les choses que Marie de Rabutin a dittes en sa vie d'un tour fin et agréable, naturellement, et sans affecter de les dire, il n'auroit pas sitost fait. Elle avoit l'enjouement et la vivacité de son père : mais beaucoup plus de politesse. On ne s'ennuioit jamais avec elle. Enfin, elle étoit de ces gens qui ne devroient jamais mourir, comme il y en a d'autres qui ne devroient jamais naître.

Voicy un éloge que la seule justice me fit mettre au-dessous de son portrait :

> Marie de Rabutin, marquise
> De Sévigné, fille de Chantal,
> Femme d'un génie extraordinaire
> Et d'une solide vertu, compatible
> Avec beaucoup de gayeté
> Et beaucoup d'agréements.

Francois de Rabutin, quatriesme fils de Christophle et de Claude de Rochebaron, fut le seul de la branche des aisnez dont la postérité soutient encor aujourdhuy le nom et les armes de Rabutin. Il ne me paroist pas qu'il eust de l'étude ny ce qu'il fit jusqu'à 23 ans ; mais il y a apparence qu'avant cet age là il fut à la guerre, puisque alors il eut une compagnie de deux cens hommes de pied souz le nom de Bourbilly, en 1568.

Peu de tems après il est fait gouverneur des ville et chateau de Noyers, qui étoit alors une bonne place dans une guerre civile.

En 1569, on luy donne une compagnie de cinquante harquebusiers à cheval.

En 1570, il a une compagnie de cent chevaux légers.

Cette année là Francois de Rabutin épouse Nicole de Saint Belin, vefve d'Antoine de Cressy, seigneur de Venaré. Il en eut un fils qui ne vécut pas longtems.

Francois de Rabutin prit en ce temps là le nom de seigneur de La Vaux, qu'il garda jusqu'à sa mort (18).

En 1571, il fut fait gouverneur de Flavigny, lequel gouvernement il remit en 1572.

En ce tems là il fut enseigne des gendarmes du marquis de Nesle.

Nicole de Saint Belin étant morte en 1563, et, ayant donné à Francois de Rabutin tout ce qu'elle pouvoit lui donner, il épousa deux ans apres Helye Damas, fille de Leonor Damas et de Claude d'Orges.

Il fut fait chevalier de l'ordre du Roy et capitaine de cinquante lances.

En 1593, il servit de maréchal de camp en l'armée de Bourgogne.

En 1598, Lavaux fut député de la noblesse dans le bailliage d'Autun pour les Etats généraux tenus à Blois.

Il eut d'Helye Damas cinq garçons et trois filles.

Les garçons furent Leonor, Hugues, Christophle, Francois et Guy de Rabutin.

Les filles furent Claude, Isabelle et Charlotte de Rabutin.

Hugues, le second des enfans de Lavaux, fut chevalier de Malte, et mourut grand prieur de France après avoir fait du bien à sa maison.

Christophle, le troisiesme des enfants de Lavaux, fut baron d'Epiry, garçon bien fait et de belle espérance, mais qui mourut à vingt deux ans.

Francois de Rabutin, le quatrième enfant de Lavaux, baron de Crux, épousa Marguerite de la Magdelaine, vefve de Ludovic de la Rivière, baron de Chamlemis, dont il n'eut point d'enfans.

Guy de Rabutin, le cinquième des enfants de Lavaux, fut grand prieur de l'ordre du Val des Choux. Ce fut un homme d'esprit et de mérite qui fit du bien à sa maison.

Claude de Rabutin, l'aisnée des filles de Lavaux, fut mariée à Claude de Meun, seigneur d'Alosse.

Isabelle de Rabutin, seconde fille de Lavaux, fut religieuse à Marcigny-les-Nonains.

Charlotte de Rabutin, troisième et dernière fille de Lavaux, fut prieure de Saint Julien sur Deune, et mit la réforme en son bénéfice.

Francois de Rabutin fut un homme de fort bon sens et sage, quoyque naturellement un peu chaud. Il étoit opiniastre et entier ; quand il avoit dit *Ecco*, cela sera (c'etoit son serment), rien au monde ne le pouvoit faire changer. Sa devise etoit :

   Et si omnes, ego non.

Il mourut à Dijon en 1618 à 73 ans.

Leonor de Rabutin, fils aisné de François, naquit en 1587. Il avoit fort étudié, et il en sçavoit plus qu'il n'en falloit sçavoir à un homme de guerre.

En 1609 il obtint du roi Henry quatriesme un brevet de gentilhomme ordinaire de sa chambre. Cette même année il épousa Diane de Cugnac, fille de François de Cugnac, marquis de Dampierre, chevalier des deux ordres du Roy. Bientost après son mariage Bussy s'en retourna à la cour.

En 1612. . . . . De Loraine, duc du Maine, ayant été choisy pour aller en Espagne demander l'Infante Anne d'Autriche en mariage pour le roi Louis treizième, Bussy fit ce voiage avec luy, où il apprit la langue espagnole, comme la françoise.

En 1614, Bussy fut esleu de la noblesse du bailliage d'Autun pour l'assemblée des états généraux.

En 1615, n'y ayant point de guerre en France, Bussy alla servir le duc de Savoie avec une compagnie de cuirassiers et une de carabins. Il fut blessé à la cuisse d'un coup de picque en cette campagne, à la fin de laquelle le duc de Savoie ayant fait la paix, licentia ses trouppes et fit mille honneurs à Bussy en suite desquels il luy donna une fort belle enseigne de diamans pour marque de son estime et de son amitié.

Bussy étant retourné à la cour de France fut agréablement receu du Roy qui avoit oui parler de la manière dont il avoit servi en Savoie, et pour cela Sa Majesté le fit capitaine de cavallerie appointé.

En 1618, Roger de Saint Lary, duc de Bellegarde, gouverneur de Bourgogne, donna la lieutenance de ses gendarmes à Bussy, laquelle il garda jusqu'en 1623.

En 1626, Bussy eut une commission fort ample du Roy pour veiller au passage des trouppes en Bourgogne et aux garnisons.

En 1627, le Roy donna une commission à Bussy pour lever un régiment d'infanterie de douze compagnies.

En 1629, la paix étant faitte, le Roy licentia ses trouppes et entr'autres le régiment de Bussy, mais trois mois apres ce licentiement, Bussy eut ordre de remettre son régiment sur pied jusqu'en 1631 qu'il fut enveloppé dans la réforme géneralle.

Deux ans après, le Roy voulant réduire la Loraine à son obéissance fit de nouvelles levées entre lesquelles fut le régiment de Bussy que mon père me donna alors à commander, de sorte que ma première campagne fut le siège de la Motte en 1634, moy ayant douze ans, au sortir duquel je vins à l'académie (19).

Ce même année 1634, Bussy eut la lieutenance de Roi du Nivernois, par la mort du marquis de Laboulaye. Cette charge ne l'empescha pas d'aller servir à la tête de son régiment au siège de la Motte, après lequel il passa en Allemagne avec l'armée commandée par le maréchal de La Force; son régiment fut mis dans Manheim qui est une fort grande place, où Bussy tomba malade par les soins extraordinaires qu'il prit à la faire fortiffier.

En 1636, les ennemis étant entrez en France du costé de Picardie, le Roy fit faire de grandes levées; la ville de Paris luy ayant donné trois régiments d'infanterie, Sa Majesté en donna un à Bussy outre le vieux cors qu'il avoit depuis 1633, et luy fit tant de caresses et tant de promesses nouvelles d'avoir soin de son élévation que malgré les résolutions qu'il avoit faittes de ne plus servir à moins que d'être officier géneral, il fit encor cette campagne pour la reprise de Corbie. On luy en vouloit donner le gouvernement, mais il le refusa, sur le pretexte d'une grande affaire qu'il avoit au parlement de Paris, et en effet parce que cette place ne luy paroissoit pas un poste digne de luy.

A la fin de cette campagne il tomba extremement malade.

L'hyver ensuitte, Bussy se brouilla avec Des Noyers, sécretaire d'Etat au département de la guerre, à l'occasion d'un capitaine de chevaux legers, parent de ce ministre, lequel enflé de cette prétendue faveur, faisoit de grands désordres dans le Nivernois. Bussy le fit arrester prisonnier à Nevers; ce que Des Noyers, (quoique dévot) ne luy a jamais pardonné (20).

Depuis le chagrin que luy donna cette affaire en 1637 jusques en 1643 qu'il mourut, il ne songea qu'à faire juger le grand procez qu'il avoit; mais son malheur voulut encor qu'il mourut trois semaines avant le jugement et le gain de ce procez.

Ce fut un homme d'esprit et de courage, mais il fut malheureux, et il pouvoit bien être que n'étant pas aussy souple que les ministres veulent qu'on le soit avec eux, sa fierté ayt été un obstacle à son avancement. Il a fait des observations sur les manquemens qui arrivent dans les armées, et les remèdes à cela, qui est un petit ouvrage que je garde soigneusement.

Leonor de Rabutin eut cinq garçons de Diane de Cugnac.

Francois Claude Amé l'aisné mourut à quinze ans de peste en Piedmont, dont ce fut grand dommage, car il avoit du courage et de l'esprit.

Hugues le second ne vécut que seize mois.

Cœsar, destiné à être chevalier, mourut à quatorze ans à Paris, garçon de belle espérance.

Guy de Rabutin, le dernier de tous, mourut de maladie en 1648 après le blocus de Paris.

Des cinq garçons que Leonor de Rabutin eut de Diane de Cugnac, je reste seul pour soutenir le nom et les armes de ma branche.

J'épousay en 1643 Gabrielle de Toulongeon, fille de messire Antoine de Toulongeon duquel j'ay parlé cy devant et de Françoise de Rabutin (21).

J'eus trois filles de Gabrielle de Toulongeon:

Diane Jaqueline de Rabutin,

Charlotte de Rabutin,

Et Louise Françoise de Rabutin.

Gabrielle de Toulongeon étant morte en 1646, le grand prieur de France, mon oncle, m'obligea de songer à de secondes noces; j'épousay donc en 1650 Louise de Rouville, fille de messire Jacques de Rouville, comte de Clinchamp, etc., et de Isabelle de Longueval. J'en eus deux garçons et deux filles.

Les garçons furent Amé Nicolas de Rabutin et Roger Celse Michel de Rabutin.

Les filles furent Marie Thereze de Rabutin (22) et Louise Françoise Leonore de Rabutin.

Si j'avois du mérite et des bonnes qualitez, je perdrois l'honneur d'un éloge en parlant moy même de moy. Il est vray que mes Mémoires peindront assez mon cœur et mon esprit, et mes portraits feront voir comment étoit faitte ma personne.

Diane Jacqueline de Rabutin, l'esnée de mes filles du premier lit, fut religieuse aux dames de la Visitation Sainte Marie du couvent de la rue Saint Antoine a Paris en 16. . . . . . .

En 1683 elle fut eleue supérieure de la Visitation à Saumur.

Ce fut une fille de bon esprit, et d'une vertu digne de la petite fille de Jeanne Fremyot, dame de Chantal, institutrice de l'ordre de la Visitation avec Saint François de Sales.

Charlotte de Rabutin, fille d'un bon esprit, et capable de gouverner une grande communauté si Dieu luy en vouloit donner la charge, fut religieuse bénédictine auprez de sa grande tante Charlotte de Rabutin, prieure de Saint Julien sur Deune.

Louise Françoise de Rabutin, dernière fille de mon premier lit, épousa en 1675, messire Gilbert de Langhac, marquis de Colligny, dont elle eut Marie François Roger de Langhac, marquis d'Andelot (23).

Louise Françoise de Rabutin fut une femme d'un mérite extraordinaire, que la fortune persécuta et rendit illustre. J'en diray le detail dans les Mémoires de ma vie.

Marie Thereze de Rabutin, dame de Remiremont en 16...... fille d'esprit et de vertu, épousa, en 1682, Messire Louis de Madaillan de l'Esparre, marquis de Montataire, qui avoit été desja marié et qui avoit un fils de son premier lit appelé le marquis de Lassé.

Louise Françoise Leonore de Rabutin, seconde fille de mon second lit, fut religieuse bénédictine au couvent de Saint Julien sur Deune avec Charlotte sa sœur. Elle eut de l'esprit comme ses sœurs et autant de vertu que pas une.

Roger Celse Michel de Rabutin, second fils de mon second lit, fut destiné à l'Eglise. Il parut qu'il y réussiroit, car il eut de l'esprit et beaucoup de douceur.

Amé Nicolas de Rabutin commença sa première campagne en 1676, ayde de camp du marquis de Renel, maistre de camp général de la cavalerie légère (24). En 1677, il fut ayde de camp de Louis de Crevant, marquis d'Humières, maréchal de France, son cousin.

En 1678, il fut capitaine de cavallerie dans le régiment de Sibours.

La paix ayant été faite en 1679, sa compagnie fut licenciée, et il s'attacha particulierement à la personne de Louis Monseigneur le Dauphin jusques à la fin de 1683 que le Roy levant des nouvelles trouppes lui redonna une compagnie de cavalerie dans le régiment de Pelleport.

En 1684 le Roy faisant une grande réforme dans ses trouppes, la compagnie du marquis de Bussy y fut comprise, et luy fut maintenu capitaine réformé dans le régiment royal.

Ici s'arrête le Manuscrit de Bussy. Les scandaleux procès qu'il soutint contre le second mari de Mme de Coligny, sa fille; les manœuvres coupables auxquelles il se livra pour rompre une union qu'il regardait comme déshonorante, occupèrent ses derniers jours. Il ne songea désormais à la descendance du vieux Mayeul que pour en exclure le fruit innocent de secrètes mais légitimes amours. La mort le surprit à Autun, au milieu de ses orgueilleux soucis, le 9 avril 1693, dans sa 75e année.

NOTES ET ÉCLAIRCISSEMENTS

Note 1, page 5.

Le château de Rabutin, qui donna son nom à la famille du comte de Bussy, était situé dans la paroisse de Changy, sur l'Arconce, au comté de Charollais, à une petite lieue de Charolles. Il était autrefois entouré d'un hameau de vingt-deux feux, réduits à deux, dit Courtépée, et possédait un couvent de Bénédictines, qui fut réuni après les guerres de religion à l'abbaye de Lancharre.

Note 2, page 14.

Jean de Rabutin épousa Marie de Balore en 1366. Il réunit ainsi la terre de ce nom à ses fiefs patrimoniaux et la transmit à ses héritiers, qui la possédèrent jusqu'en 1578, époque à laquelle elle fut confisquée sur Louis de Rabutin et adjugée à Léonor de Chabot, comte de Charny. Deux années auparavant, le château avait été pillé par les reîtres, qui brûlèrent les titres de propriété et les archives de la famille. L'église de Balore renferme les sépultures de deux Rabutin, Christine, inhumée en 1498, et Cyprien, décédé en 1543. Ce village est situé à quatre lieues de Charolles.

Note 3, page 15.

Le blason d'Amé de Rabutin, l'un des tenants du pas de l'*Arbre de Charlemagne*, près Dijon, était peint sur la porte principale de l'hôpital du Saint-Esprit de cette ville. Dom Calmelet en donne un dessin dans son *Histoire de la maison hospitalière du Saint-Esprit*, manuscrit de la bibliothèque de Dijon, nº 371.

Note 4, page 39.

Charles de Champier, comte et non baron de Jouy, seigneur de la Roche, Bionnay, Varanges et Montbaut, gentilhomme ordinaire de la chambre du roi, était en outre bailli du Beaujolais. La terre de Chigy et non Chigny, comme l'écrit par erreur Roger de Rabutin, était située dans le Mâconnais et faisait partie de la prévôté de Saint-André-le-Désert. Henriette de Rabutin la tenait de son aïeule Péronne des Marins, qui en avait repris de fief en 1649. Mme de Champier apporta également à son époux la seigneurie de Moroges, près de Chalon-sur-Saône. En 1681, après la mort de son mari, elle fonda dans l'église de ce lieu six messes pour l'âme de Philippe de Moroges, sa mère.

Note 5, page 40.

La maison de Montagu, ou plutôt Montaigu, descendait d'Hugues III, duc de Bourgogne. (V. à ce sujet la *Noblesse aux Etats de Bourgogne*, par H. Beaune et J. d'Arbaumont; Dijon, 1863, in-4º.) Claude de Montaigu, seigneur de Couches, périt au combat de Bussy, en 1470, sans laisser d'enfant mâle. Sa fille naturelle Jeanne, légitimée en 1461, apporta en dot à son mari la terre de Sully dans l'Autunois, qui demeura jusqu'en 1528 entre les mains de ses héritiers. En 1678, Roger de Rabutin écrivait à Mme de Sévigné : « De Dijon, nous fûmes chez Tavannes à Sully. Il arriva là une chose qu'on n'a peut-être jamais vue dans la maison d'un gentilhomme. Nous entrâmes dans la cour, qui est la plus belle cour de château de France, sept carrosses à six chevaux, et nous étions cinq qui n'avions pas mené les nôtres. J'y vis, dans l'église, le caveau des Rabutin d'un côté et celui des Tavannes de l'autre, et nos armes écartelées avec celles de Bourgogne ; car vous savez que Christophe de Rabutin vendit cette terre à J. de Saulx d'Orain, père du maréchal. »

Note 6, page 40.

Le château de Bourbilly, illustré par Mme de Chantal et Mme de Sévigné, est situé au fond d'un vallon de l'Auxois, à une lieue de Vic-de-Chassenay et à trois de Semur. Flanqué de quatre tours et ceint de fortes murailles dont les pieds baignaient dans de larges fossés d'eau vive, il avait alors un grand air que son possesseur actuel s'efforcera sans doute de lui rendre. La *maison forte* de Bourbilly relevait de la baronnie d'Epoisses, dont les seigneurs, de la maison de Mello, l'avaient possédée au XIIIe siècle. Elle fut, avec la terre qui l'entourait, la dot de Mme de Sévigné, qui l'estimait 100,000 écus. Mme de Simiane en reprit de fief au château d'Epoisses en 1706.

Note 7, page 40.

Hugues de Rabutin était seigneur en partie de Missery en 1463.

Note 8, p. 42.

François Damas d'Anlezy.

Note 9, p. 42.

On voyait, dit Courtépée, au dernier siècle, dans l'église de l'ancien prieuré de Saint-Julien-sur-Dheune, uni à l'abbaye de Rougemont en 1664, la tombe d'un Rabutin, prieur de Léry et frère de Louise, mort en 1491. Je crois qu'il y a ici une erreur et qu'il s'agit de Philippe de Rabutin, religieuse au monastère de Saint-Julien, comme l'indique le comte de Bussy.

Note 10, page 44.

Antoine de Rabutin posséda non seulement la terre de Chaseu, mais encore celle du Crot, située sur la paroisse de Saint-Léger-sous-Beuvray, et la donna en 1610 à Antoine Rolin, que l'on a regardé comme son fils naturel.

Chaseu ou Chaseul, ancien château bâti par le chancelier Rolin, fut acheté en 1641 par Roger de Rabutin à Catherine de Chissey. Léonor, son père, possédait déjà une partie de la terre, et son fils ne fit que la compléter.

Note 11, page 45.

Christophe de Rabutin, seigneur de Sully, de Bourbilly et de Monthelon, donna en dot à sa fille Aymée la seigneurie de La Vaulx, en la paroisse de Saint-Léger-sous-Beuvray. (V. la reprise de fief du 15 décembre 1563.) Il y est dit que cette terre est de petit revenu en mainmorte et toute justice.

Note 12, p. 49.

Le contrat de mariage de Christophe de Rabutin et de Jeanne Fremyot commence ainsi :

« L'an mil cinq cens quatre-vingt et douze, le vingt-huitième jour du mois de décembre, au château et maison forte de Bourbilly, après midi, par-devant moi, François Bordot, notaire roïal au bailliage d'Auxois, demeurant à Epoisse, furent présens, en leurs personnes, messire Christophe de Rabutin, seigneur baron dudit Bourbilly, fils de messire Guy de

Rabutin, chevalier des ordres du roi, gentilhomme ordinaire de sa chambre, capitaine de cinquante hommes d'armes de ses ordonnances, seigneur de Chantal et Sauvigny, et de feuë dame Françoise de Cosseret, ses père et mère, de l'authorité, vouloir et consentement dudit sieur de Chantal, son père, présent, d'une part; demoiselle Jeanne Fremyot, fille de messire Bénigne Fremyot, chevalier, conseiller du roi en son Conseil d'Etat, président en sa cour du Parlement de Bourgogne, seigneur de Toste, Bouvregardy et Genessy en partie, et de feuë Marguerite Berbisy (Berbisey), ses père et mère, etc. »

Guy de Rabutin constitue en dot à son fils la terre de Sauvigny et assigne en douaire à la future épouse une rente de deux cents écus avec le château de Bourbilly. Quant au président Frémyot, il donne à sa fille 16,666 écus deux tiers.

Les témoins du contrat sont Charles d'Esbarres, écuyer; M° Claude Faby, d'Epoisses, et Jean Coulon, capitaine à Bourbilly.

Note 13, page 51.

On attribue à Bussy le portrait suivant de Mme de Chantal. A ce titre, il mérite de trouver place ici :

« La baronne de Chantal avoit de la beauté et encore plus d'agréments. Sa taille estoit au dessus de la médiocre ; ses cheveux noirs, son visage rond, ses yeux grands, noirs et vifs, le teint uny et fort blanc. Elle avoit les lèvres vermeilles et le sourire charmant; la physionomie majestueuse, tempérée par un grand air de douceur ; le regard fort doux et plein de feu et d'esprit. Elle joignoit à tous ces charmes extérieurs les plus heureuses qualités de l'esprit et du cœur. Elle possédoit la réunion des vertus qui font une pieuse chrétienne et des agréments qui rendent une femme aimable. Son âme estoit forte et généreuse; sa douceur et sa modestie incomparables; son esprit cultivé et enjoué; son imagination vive, sa conversation délicate. Les moindres bagatelles devenoient intéressantes dans sa bouche. Elle badinoit quelquefois, mais elle revenoit toujours à quelque chose de sérieux. » (*Manuscrit déposé à la Visitation d'Annecy*, petit in-4º.) On renvoie du reste le lecteur à l'*Histoire de sainte Chantal*, par M. l'abbé Bougaud, et à la brochure intitulée *Sainte Chantal et la direction des âmes au XVIIᵉ siècle*.

Note 14, page 53.

Marie-Aimée de Rabutin-Chantal épousa Jean de Sales, baron de Thorens, à Monthelon, au mois d'octobre 1609. Elle avait alors douze ans et son mari seize.

Note 15, page 53.

Celse-Bénigne de Rabutin, dont Bussy fait un portrait si piquant, épousa en 1624 Marie de Coulanges, fille de Philippe, seigneur de la Tour-Coulanges, conseiller d'Etat, secrétaire des finances, ancien fermier des gabelles, et fut le père de Mᵐᵉ de Sévigné. Il fut tué le 22 juillet 1627, en repoussant la descente des Anglais à l'île de Rhé, après avoir reçu vingt-sept coups de pique, dont le dernier, dit-on, lui fut porté par Cromwell. Les *Mémoires* de la Mère de Chaugy renferment sur lui des détails assez intéressants qui confirment le récit de Bussy.

Note 16, page 55.

Alonne, terre située dans le bailliage de Montcenis et érigée en comté sous le nom de Toulongeon, par lettres patentes de 1631, en faveur d'Antoine de Toulongeon, mari de Françoise de Rabutin. M. de Langheac-Coligny, gendre du comte Roger, la vendit depuis au marquis de Dampierre.

Note 17, page 58.

Marie de Rabutin naquit à Bourbilly le 5 février 1627.

Note 18, page 61.

La Vaux est le nom d'un château appartenant aux Rabutin et situé dans l'Autunois, paroisse de Saint-Léger-sous-Beuvray.

François de Rabutin siégea à plusieurs assemblées des Etats généraux de Bourgogne, notamment à celle de la Ligue, qu'il présida en 1593, en qualité d'*élu*. On le retrouve encore aux Etats de 1608, comme commissaire député pour la vérification des titres produits par les gentilshommes qui sollicitaient l'entrée de la Chambre de la noblesse.

Note 19, page 65.

Bussy était accompagné au siége de la Mothe par un vieil officier, M. de Chavance, qui lui donna les premières leçons de l'art militaire.

Note 20, page 66.

Sublet des Noyers, secrétaire d'Etat au département de la guerre, accusa en effet Bussy de faire pratiquer le faux-saunage par les soldats de son régiment.

Note 21, page 67.

Le mariage de Roger de Rabutin et de Gabrielle de Toulongeon fut célébré à Alonne le 28 avril 1643. Gabrielle était sa cousine germaine, comme elle était également celle de Mme de Sévigné.

Note 22, page 67.

Marie-Thérèse de Rabutin fut tenue sur les fonts baptismaux par Mme de Sévigné.

Note 23, page 68.

Louise-Françoise de Rabutin, fille de Roger, épousa le 5 novembre 1675 Gilbert de Langheac, comte de Dalet ou d'Aletz, marquis de Coligny. Elle perdit son mari l'année suivante et se remaria secrètement avec un gentilhomme du voisinage, M. de la Rivière, fils d'un contrôleur de la maison de la reine, qui n'eut pas à s'imputer une séduction, mais qui fut fort bien, dit-on, séduit lui-même.

Dans l'emportement de sa passion, Mme de Coligny avait remis à son amant la promesse suivante : « Je, Louise-Françoise de Rabutin, promets et jure devant Dieu à Henry-François de la Rivière de l'épouser quand il lui plaira. En foi de quoi j'ai signé ceci du plus beau et du plus pur de mon sang. Fait ce 18 octobre 1679. » En vertu de cette promesse, le mariage fut célébré le 19 juin 1681, dans la chapelle du château de Lanty qu'avait récemment acheté Mme de Coligny. Celle-ci avait alors 38 ans.

Il est inutile de rappeler ici la fureur de Bussy, lorsqu'une grossesse de sa fille rendit toute dissimulation impossible. Un gentillâtre sans naissance épouser une Rabutin ! Mémoires, chansons, factums, procès, la prose de l'Eveillé et les injures rimées d'un Trissotin à ses gages, tout lui fut bon pour effacer cette odieuse tache de son blason. Il fit si bien qu'il empêcha sa fille de revoir M. de la Rivière, voire même de porter son nom, malgré un arrêt du Parlement de Paris, du 13 juin 1684, qui ordonna à Mme de Coligny de reconnaître M. de la Rivière pour son mari. On l'appela jusqu'à sa mort la comtesse de Dalet. C'est ainsi qu'elle est qualifiée dans la reprise de fief et le dénombrement de la terre de Chaseu, acquise par elle de ses cohéritiers, après le décès de son père, le 7 juin 1693. (V. aux Archives de Bourgogne, ces actes qui portent les dates des 1er février 1694 et 23 mars 1702.)

Mme de Dalet mourut en 1716, à l'âge de 74 ans. C'était une femme d'infiniment d'esprit et d'une grande littérature. Louis XIV, qui avait lu sa correspondance avec M. de la Rivière, disait qu'elle écrivait mieux que son père. Longtemps on crut à la disparition totale de ces lettres, que M. de la Rivière, dans un accès de pieux scrupule, avait brûlées. (V. *Bibliothèque des auteurs de Bourgogne*, par Papillon.) Cependant quelques-unes ont échappé à cette destruction, car un heureux hasard nous a permis d'en retrouver une, en copie, il est vrai, mais en une copie du temps. Voici cette lettre, qui n'est pas datée :

« Je trouve comme vous que les amants ont mille moyens d'adoucir l'absence et de se rapprocher en un moment : quelquefois même on se voit plus souvent que lorsqu'on se voit tous les jours, car sitôt qu'un des deux est seul, à l'instant tous les deux sont ensemble. Si tu goûtes tous les soirs ces plaisirs, je les goûte cent fois la journée : je vis plus solitaire que jamais. Je suis environnée de tes vestiges, et je ne sçaurois fixer les yeux sur les objets qui m'entourent sans te voir tout autour de moy. Tu m'entends, ô amour ! ces voluptés sont vives, c'est l'union des âmes qui les anime, et le plaisir que l'on procure à ce qu'on aime fait bien valoir tout celuy qu'il nous rend. »

Puisque nous avons parlé de la succession de Roger de Rabutin, indiquons en deux mots les terres qu'il posséda.

Outre Bussy-le-Grand, dont il rebâtit le château et qui lui venait de son père, le vaniteux comte était seigneur de Chaseu, d'Epiry, où il naquit le 5 avril 1622, de Cessy, Saint-Malo, Colmery et d'Ornée, sur la paroisse de Laisy. Il était enfin baron de Forléans, terre mouvante du marquisat d'Epoisses. On trouve tous ces titres dans le dénombrement de la seigneurie de Bussy, qu'il fit en 1663. Son père, Léonor, possédait en outre Tintry et Collonges-la-Madeleine, acquise en 1621 de Guy de Montessus; mais ces deux terres ne figurent pas dans l'actif immobilier du fils. Plusieurs arrière-fiefs relevaient des tours de Bussy, comme le Meix-Damas, le meix de la Cour-Verrey, la Bretonnière, etc.

Note 24, page 69.

Amé-Nicolas de Rabutin épousa Marie-Anne-Charlotte de Senevoy-Balot. Il vendit en 1718 la terre de Forléans à Guy Chartraire de Saint-Agnan, ancien conseiller au Parlement de Bourgogne. Par son testament, daté de 1719, il ordonna une distribution de cent livres de pain par semaine aux pauvres de Bussy, dont la seigneurie passa, lui mort, à son frère Celse-Michel, évêque de Luçon, l'héritier le plus direct de l'esprit paternel.

Les deux frères ne se ressemblaient guère : l'aîné était presque fou; le second était le plus charmant des hommes. Le président Hénault, qui fut son ami, a finement esquissé le portrait de ce prélat :

« L'évêque de Luçon, mon ami particulier et avec lequel j'ai passé ma vie, étoit le modèle de ce que l'on appeloit la bonne compagnie, et que l'on ne retrouve guère dans ce temps. Un esprit naturel, une gaîté douce, toujours nouveau, racontant mieux qu'homme du monde, le ton de la vieille cour, et quelle cour ! Des plaisanteries fines, délicates, flatteuses sans aucune fadeur, vous laissant toujours content de vous. Plein d'anecdotes, qu'il ne rappelait qu'à propos. Loin de toutes prétentions; sans goût : se livrant de bonne foi à tous ceux qu'il rencontroit; leur faisant croire, et le croyant lui-même, qu'il alloit ne les plus quitter et qu'il ne se plaisoit qu'avec eux. Je n'ai rien rencontré depuis qui lui ressemblât: il rendoit bien difficile sur la compagnie, à qui l'on demanderoit en vain ce qui n'étoit qu'à lui. Charmant dans le commerce des femmes, ayant leur douceur, leur mollesse, cette négligence qui sied si bien quand on possède tout. Gourmand, il en est mort, mais gourmand comme il étoit tout le reste, sans qu'il fût plus cela qu'autre chose. Il ne ressemble pas plus aux hommes de notre temps que Chassé ne ressemblait à Thérouard. Rien ne le rappelle. Il faut prendre patience et avoir l'air de se plaire avec ce qui vous reste. » (*Mémoires du président Hénault*, publiés par le baron de Vigan.)

L'évêque de Luçon mourut à Paris le 3 novembre 1736, âgé de 67 ans. Il laissa ses biens à son neveu Marie-François-Roger de Langheac, comte de Coligny et de Toulongeon.

www.ingramcontent.com/pod-product-compliance
Lightning Source LLC
LaVergne TN
LVHW050644090426
835512LV00007B/1025